Lise 20 Mai 20

C'est un plaisir
de savoir cet exemplaire
entre les mains
d'une Mordue de
Jardinage aquatique

Bonne lecture

[illegible]

Robert Lapalme

Comment créer un lac ou un étang

Guide À FLEUR D'EAU

Robert Lapalme

Comment créer un lac ou un étang

Guide À FLEUR D'EAU

Photos : Jean-Claude Hurni

Illustrations : Régis Millereau

Photo page couverture : Les Jardins d'Henriette

Édition
Les Éditions de Mortagne
Case postale 116
Boucherville (Québec)
J4B 5E6

Distribution
Tél. : (450) 641-2387
Télec. : (450) 655-6092

Dépôt légal
Bibliothèque nationale du Canada
Bibliothèque nationale du Québec
Bibliothèque Nationale de France
3e trimestre 1999

ISBN : 9-89074-620-4

1 2 3 4 5 - 99 - 04 03 02 01 00

Imprimé au Canada

Ont collaboré à ce livre

Hélène Baril
Clôde De Guise
Jean Gervais
Dominique Lapalme

Je les remercie sincèrement...

Je veux aussi exprimer toute ma reconnaisance à Danielle Bilodeau, partenaire infatiguable avec qui tout devient réalisable.

TABLE DES MATIÈRES

Introduction

À une époque où tout est si rapide et turbulent, où les endroits de repos et de recueillement sont si rares, qui n'a pas rêvé d'avoir un étang près de sa maison ? Un étang tranquille qui incite à la contemplation, au calme et à la détente. Un étang qui distrait par ses allures changeantes, selon l'heure du jour ou la couleur du temps. Un étang qui intrigue par le va-et-vient des canards qui s'y promènent. Un étang qui nous invite à la « saucette », les jours de chaleur accablante. Un étang qui révèle un jardin magnifique de fleurs flottantes. Un plan d'eau qu'on n'a pas à partager avec la foule qui déferle sur les plages et où l'on n'a pas à subir le bruit des embarcations à moteur. Bref, un étang sur mesure, fait pour soi, une oasis de paix et de beauté naturelle.

Dans les pages qui suivent, nous vous invitons à mettre à contribution votre esprit novateur et votre âme de bâtisseur pour créer votre propre étang. Vous verrez qu'il est possible de réaliser ce projet suivant vos moyens et vos ambitions. Vous pourrez soit aider vos enfants à concevoir, creuser et aménager une mare à grenouilles de quelques mètres carrés de surface ou encore vous aventurer dans l'excavation d'un lac couvrant plusieurs acres. Notre but est de vous guider dans l'aménagement d'un lac ou d'un étang dit naturel, c'est-à-dire sans toile de fond.

Tout au long de cet ouvrage, nous vous proposerons diverses avenues pour vous aider à définir votre projet en précisant les conditions à respecter pour créer un habitat faunique, un étang pour la baignade ou la pêche, ou encore un étang-jardin. Nous vous renseignerons également sur la façon d'analyser le potentiel de votre terrain afin d'en tirer le meilleur parti possible, et ce, dans le plus grand respect de l'environnement.

À l'étape de la conception, nous vous aiderons à dessiner les différentes composantes de votre plan d'eau : plage, ruisseau, cascade, fontaine, digue ou la décharge. Vous découvrirez les trucs du métier de façon à pouvoir procéder vous-même à votre aménagement ou pour vous permettre de superviser efficacement l'entrepreneur que vous aurez choisi. Cet ouvrage vous proposera aussi des moyens simples et efficaces pour reconnaître et maintenir la bonne qualité de l'eau. Il vous fournira les informations qui vous permettront d'exploiter la flore aquatique avec succès. Enfin, quelques conseils pratiques vous seront donnés sur la manière d'entretenir votre plan d'eau.

Afin de vous éclairer dans le choix des plantes aquatiques à utiliser pour attirer la sauvagine, pour épurer l'eau ou pour aménager votre étang-jardin, nous avons prévu d'inclure un guide annexe sur le potentiel lacustre de ces plantes. Vous trouverez également en annexe un résumé de la réglementation québécoise concernant les plans d'eau. Ces explications vous seront très utiles, que vous soyez amateur ou professionnel.

Chapitre 1

DÉFINIR SON PROJET

Le marais se distingue de l'étang et du lac, principalement par la proportion de la surface d'eau occupée par les végétaux. Dans le cas du marais, la partie inondée est majoritairement recouverte de plantes alors que dans un étang, la surface d'eau libre est supérieure à celle envahie par les plantes. Dans un lac, la présence des plantes est non significative par rapport à la surface totale de l'eau.

Le jardin aquatique, avec son habitat faunique, se rapproche donc davantage de l'étang ou du marais tandis que le plan d'eau conçu pour la baignade serait plus proche du lac par ses caractéristiques. Précisons toutefois que, même dans le cas d'un lac, le rôle des plantes aquatiques peut être majeur pour maintenir la bonne qualité de l'eau.

Ainsi donc, pour réaliser un projet à la mesure de vos rêves, il vous faudra préciser vos intérêts, déterminer vos besoins et connaître l'utilité de la flore aquatique selon la vocation que vous voulez donner à votre plan d'eau.

Déterminer ses besoins et ses goûts

L'attrait pour les plans d'eau petits ou grands, lacs ou étangs, n'a cessé de croître au cours de la dernière décennie, et diverses orientations ont été prises à ce sujet. Pour certains, l'étang-jardin où se côtoient cygnes et lotus a de quoi faire rêver. Pour d'autres, le rêve, c'est de se baigner dans une eau limpide et douce, non chlorée, dans une atmosphère de calme et d'intimité. D'autres encore y voient un endroit pour taquiner la truite ou l'achigan, ou un habitat pour pouvoir observer tout à loisir, et à son heure, la faune qui fréquente les lieux. Bien sûr, les plus ambitieux voudront y retrouver tous ces aspects à la fois.

Le présent chapitre vous fournira des informations utiles pour définir votre projet selon vos besoins, vos goûts, et dans les limites de vos moyens.

Si vous optez pour un habitat faunique...

Réalisation : Tib Beament

Fig. 1

Habitat faunique

L'habitat faunique se définit comme un milieu qui permet à un animal de s'abriter, de se nourrir et de se reproduire. Le milieu aquatique devra donc répondre aux besoins spécifiques de l'espèce concernée. Certains animaux s'établiront en permanence, d'autres visiteront l'endroit régulièrement pour s'abreuver et se nourrir alors que quelques-uns n'y viendront que pour la reproduction. Il vous faudra donc connaître un peu les us et coutumes des visiteurs que vous souhaitez attirer afin de leur fournir les conditions adéquates à leur survie, et ce, tout au long de la saison.

Vous devrez être un observateur discret, surtout en période de reproduction, pour ne pas effaroucher vos hôtes. Vous comprendrez aussi qu'au temps de la nidification, il ne faut pas laisser le chien en liberté autour de l'étang. De nombreuses espèces profitent de la tombée du jour pour aller boire et manger. Il faudra donc se montrer plus discret à ces heures, et observer la scène de loin. Une bonne façon d'agir est de réserver une zone accessible à ces seules bêtes, ce qui leur assurera la tranquillité nécessaire pour poursuivre leur routine et élever leur famille. Munissez-vous d'une bonne paire de lunettes d'approche pour les observer à souhait.

Si vous avez opté pour l'aménagement d'un habitat, il vous sera utile de connaître les diverses composantes du milieu aquatique.

Les composantes du milieu aquatique

Les principales composantes de l'eau sont l'hydrogène, l'oxygène et les sels minéraux. La teneur en minéraux de l'eau varie d'une région à l'autre puisque la roche mère d'où elle provient est aussi de composition variable. Par exemple, une forte teneur en fer ou en soufre peut donner une coloration ou une odeur à votre eau.

Fig. 2

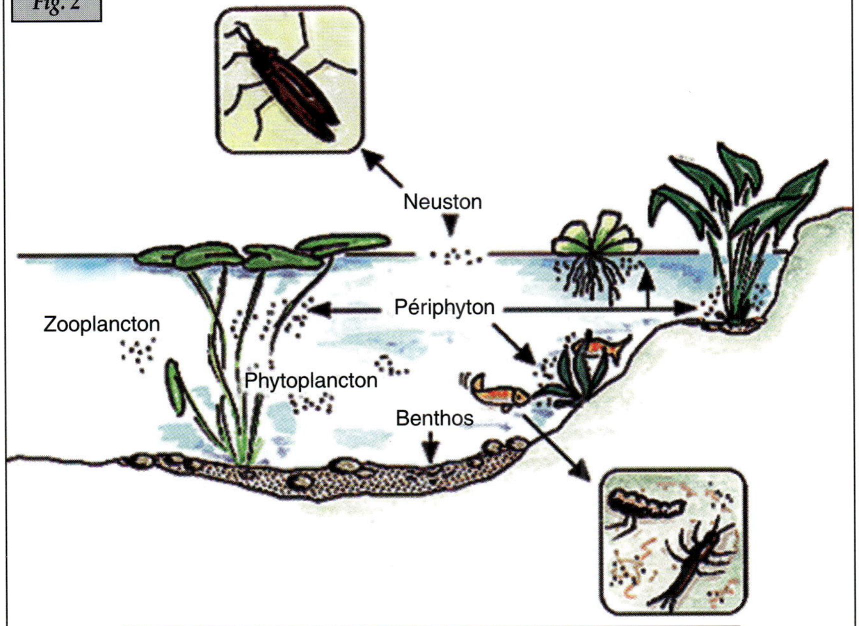

Composantes du millieu aquatique

Une fois creusé, le bassin se remplira graduellement à partir de sources ou de la nappe phréatique. Il peut cependant s'écouler quelques jours ou quelques mois avant que le niveau désiré soit atteint. Ainsi, dès que s'amorcera le remplissage, vous serez en mesure de connaître les caractéristiques minérales de votre eau en en prélevant un échantillon. Quant à ses composantes vivantes, il en va tout autrement.

Les micro-organismes (zooplancton) prennent de cinq à neuf semaines pour se développer naturellement. Le périphyton (les animaux minuscules qui s'accrochent aux plantes) ne pourra évidemment pas se développer tant qu'il n'y aura pas de plantes aquatiques. Pour ce qui est du neuston (les animaux qui vivent sur et juste sous la surface immédiate de l'eau), il peut mettre quelques semaines pour s'implanter, selon la période de l'été et l'emplacement du bassin.

Les insectes environnants, qui constituent une partie du garde-manger du plan d'eau, vont graduellement peupler celui-ci. La présence de plus gros insectes, de ceux qui requièrent une nourriture abondante, comme les libellules, nous indique que les réserves sont suffisantes. Le benthos (les organismes qui vivent dans le fond et se nourrissent à même le substrat aquatique) pourra s'établir lorsqu'une couche de matière organique suffisante aura recouvert le fond. Elle sera composée principalement de terre arable, de feuilles mortes tombées à l'automne et de tissus de plantes en décomposition.

Le phytoplancton (les algues) s'établira de lui-même, puisqu'il est naturellement transporté dans l'atmosphère par les vapeurs d'eau provenant des autres lacs. Ces algues peuvent donc se développer dans votre plan d'eau dès les premières semaines.

Pour conclure, disons que toutes ces composantes de votre écosystème sont essentielles à la vie aquatique et qu'elles contribuent à maintenir une eau saine. C'est précisément pour cette raison qu'on évite

Ph. 3

d'utiliser les algicides, car ces poisons détruisent bien plus que les algues et compromettent tout l'équilibre du milieu. Si vous choisissez de traiter l'eau avec de tels produits, vous devrez, comme dans le cas d'une piscine, en ajouter constamment et vous contenter d'une eau en apparence claire, mais impropre à la flore et à la faune aquatique.

Qu'il s'agisse de réaliser un étang pour l'habitat faunique, pour la pêche, pour la baignade ou pour le jardinage aquatique, les composantes du milieu demeurent toujours les mêmes.

Les végétaux implantés sur le pourtour de l'étang, de même que les plantes des lieux humides et les plantes aquatiques, jouent un rôle de premier plan pour ce qui est de la faune. Regardons cela d'un peu plus près.

ALIMENTATION DES OISEAUX AQUATIQUES

CANARDS BARBOTEURS

• Canard chipeau	graines, feuilles et jeunes pousses.
• Canard huppé	fruits d'arbres et graines de nymphéacées.
• Canard malard	graines, feuilles et jeunes pousses.
• Canard noir	végétarien mais se nourrit de mollusques sur les côtes marines.
• Canard pilet	graines, feuilles et jeunes pousses.
• Canard siffleur	graines, feuilles et jeunes pousses.
• Canard souchet	insectes, mollusques et crustacés (25 %), végétaux (75 %).
• Sarcelle à ailes bleues	insectes et molluques (25 %), et graines (75 %).
• Sarcelle à ailes vertes	surtout végétarien (graines).

CANARDS PLONGEURS

• Bec-scie commun et à poitrine rousse	poissons, grenouilles, insectes, mollusques et crustacés.
• Bec-scie couronné	mange une proportion moindre de poisson que les précédents, complétée par un régime végétarien.
• Canard roux	animal (30 %), végétal (70 %).
• Garrot commun	crustacés (75 %).
• Grand morillon	végétal (50 %), animal (50 %).
• Morillon à collier	insectes, mollusques et crustacés (25 %), végétaux (75 %).
• Morillon à dos blanc	tubercules.
• Morillon à tête rouge	tubercules.
• Petit garrot	nourriture animale majoritaire.
• Petit morillon	mollusques, insectes et crustacés.

ALIMENTATION DES OISEAUX AQUATIQUES

GRANDS PLONGEURS MARINS

- Eider, canard arlequin ..... mollusques, crustacés, insectes, vers, oursins, anémones, étoiles de mer, mais très peu de plantes aquatiques.
- Macreuses .... régime alimentaire contenant une plus grande proportion de plantes aquatiques que les espèces précédentes.

BERNACHES ET OIES

- Bernache du Canada, bernache cravant, oie blanche .... se nourrissent presque exclusivement d'éléments végétaux.

AUTRES

- Huart .... poissons, mollusques, insectes et grenouilles.
- Grèbe .... petits poissons, crustacés, mollusques et insectes aquatiques.
- Foulque .... majoritairement végétarien.
- Râle de Caroline et râle jaune .... majoritairement végétarien ; tous les autres râles ainsi que les échassiers sont surtout carnivores.

Les arbustes de rive

Les arbustes de rive, tels l'*alnus sp.* (aulne), le *salix sp.* (saule), le *myrica sp.* (myrique), forment un écran naturel par la densité et la hauteur de leur feuillage. Ainsi, les animaux peuvent s'approcher du plan d'eau pour s'abreuver sans se faire repérer trop facilement.

Le *salix sp.* et le *myrica sp.* ont ceci de particulier que leur forme buissonnante permet aux branches se trouvant à la base du plant de tremper dans l'eau. Les insectes fixent leurs œufs aux branches submergées, constituant ainsi un garde-manger idéal pour les poissons et leurs alevins. Cette nourriture naturelle vous évitera d'utiliser les moulées à poisson qui ont souvent un effet négatif sur l'équilibre de l'eau puisqu'elles favorisent la multiplication des algues.

Les plantes des lieux humides procurent un abri visuel aux oiseaux aquatiques et elles constituent une barrière contre le vent et les vagues. Certaines plantes sont aussi utilisées comme nourriture, car elles abritent des mollusques, des invertébrés aquatiques, des alevins, des têtards, bref, un menu très varié pour la sauvagine. Plusieurs espèces de canards consomment toutes les parties de la plante : tiges, racines et graines.

Un plan d'eau est sans contredit un moyen très efficace d'attirer et d'observer les oiseaux. Pour faciliter la digestion de ces hôtes à plumes, on mettra du petit gravier à leur disposition en bordure de l'étang et dans les premiers centimètres d'eau.

Les plantes à feuilles flottantes

Les plantes à feuilles flottantes peuvent couvrir un mètre carré de surface. Elles croissent en eau peu profonde et abritent de nombreux batraciens et alevins auxquels elles fournissent une nourriture appropriée, composée en partie de périphyton et d'œufs d'insectes. Leurs tiges matures ont la propriété de transporter l'oxygène de l'air jusqu'à leurs racines, dans le substrat. Cette façon d'oxygéner le fond du plan d'eau est salutaire pour les animaux qui vivent dans le benthos et qui servent de nourriture pour certaines variétés de poissons adultes. Leurs rhizomes peuvent également nourrir les canards et les rats musqués.

Les plantes submergées

Les plantes submergées vivent en eau plus profonde. Leur feuillage très dense, qui permet d'abriter les alevins et les œufs de poissons, supporte en même temps le plancton, qui va servir de nourriture au fretin. Les canards barboteurs, les oies ainsi que les orignaux se régaleront aussi du feuillage des plantes submergées. L'abondant périphyton que renferment ces plantes assimile une grande quantité d'algues et contribue ainsi à garder l'eau claire.

Les plantes flottantes

Les plantes flottantes exotiques, telles l'*eichhornia crassipes* et la *pistia stratoites* (jacinthe et laitue d'eau), sont munies de racines dont les milliers de poils absorbants abritent les œufs, les alevins et le plancton. Ces dernières sont aussi très appréciées des herbivores. Le *lemna minor* (lentille d'eau), une variété indigène, fait le régal des poissons et des canards.

L'ajout de troncs d'arbres morts et de cavités rocheuses, pouvant servir d'abri et de lieu de reproduction pour diverses espèces, vous garantira la présence continue de certains hôtes. Enfin, vous pourrez compléter votre aménagement avec des fleurs vivaces aux coloris riches et aux parfums suaves afin d'attirer une multitude d'oiseaux et de papillons.

Si vous optez pour un étang-baignade...

Réalisation : Claude Girouard

Un plan d'eau quasi naturel vous procurera les joies de la baignade sans les inconvénients de la piscine, avec tout l'arsenal technique qu'elle implique et le dosage de multiples produits chimiques qu'elle exige pour répondre aux normes minimales de salubrité. Il est facile d'imaginer que, pour la baignade, vous souhaitez un plan d'eau claire, limpide, sans algues, sans « bibites »[1] répugnantes, et dont le fond n'est pas vaseux. Un endroit où il sera possible de nager sans tourner en rond, donc plus grand qu'une barboteuse, et où l'on pourra plonger en toute sécurité. Voici, à ce propos, certaines règles à suivre pour obtenir et conserver une eau cristalline.

- **Règle numéro un : maintenir une eau claire**

Évitez la turbidité qui rend l'eau brunâtre. Celle-ci est causée par la présence de fines particules de terre en suspension dans la colonne d'eau et qui peuvent prendre plusieurs jours avant de se déposer au fond. Ces particules qui brouillent l'eau du lac sont charriées par les effluents ou l'eau de pluie qui ruisselle des terres environnantes. Pour contrer cet effet, trois solutions s'offrent à vous : créer un fossé de surface, surélever les berges du lac ou installer un système de filtration des effluents.

La présence de cette terre en suspension peut aussi être la conséquence du brassage du fond par les poissons et les baigneurs. Par exemple, pendant les périodes de canicule, les poissons se réfugient dans le fond de l'eau pour y trouver un peu de fraîcheur et soulèvent le benthos pour s'en nourrir. C'est le cas, notamment, pour certaines variétés de truites qui vivent à plus de 4 m de profondeur. Mentionnons toutefois que dans les lacs de moins de 3 m de profondeur, on recommande de choisir l'achigan en lieu et place de la truite, puisqu'il tolère un taux d'oxygène inférieur à celle-ci. Pour cette raison, on ne le voit pas dans le fond, et l'eau du lac se maintient propre. (Fig. 3, p. 31)

Les baigneurs peuvent également soulever la couche de fond pour se rendre à la profondeur désirée pour pouvoir nager, soit près de 1 m. Pour remédier à ce problème, on peut aménager une plage de 4 m ou plus de largeur, assez longue pour couvrir environ 5 m de rive et qui descendra dans l'eau jusqu'à 90 cm de profondeur. On utilisera à cet effet un matériel

1. *Bibite : canadianisme québécois signifiant une bête quelconque, dans le langage des enfants, ou insecte.*

géosynthétique résistant et non toxique, et on le fixera au fond du lac par une clé d'ancrage. On recouvrira le tout de galets de rivière pour la solidité, l'apparence et le confort.

Fig. 3

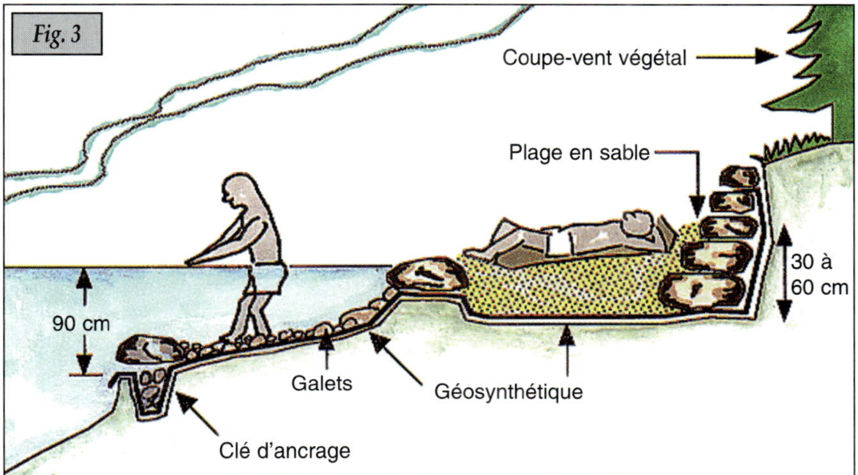

Plage et clé d'ancrage

On peut aussi, lors de l'excavation, faire déposer d'énormes pierres en paliers pour faciliter la descente des baigneurs. Un radeau ou un quai permettra à ces derniers de se reposer sans devoir retourner sur la rive, et risquer sans cesse de troubler l'eau. Le radeau doit se situer dans une zone d'au moins 2,5 m de profondeur pour assurer la sécurité des plongeurs. (Fig. 4, p. 32)

• Règle numéro deux : limiter la chute des feuilles mortes

Toujours dans le but d'obtenir et de conserver une eau cristalline, il faut réduire l'accumulation des feuilles mortes. Un lac entouré de feuillus recevra chaque automne des feuilles en abondance. Il en résultera un dépôt de matières organiques au fond du lac, car celles-ci se dégradent plus lentement sous l'eau, au froid et à la noirceur. Il s'ensuit une prolifération d'algues très foncées qui donnera une teinte noire à l'eau. De plus, comme ce processus de dégradation consomme beaucoup d'oxygène, celui-ci devient donc moins disponible pour la faune aquatique.

Avec les années, ce compost s'accumule, l'eau est de plus en plus brouillée et le lac s'eutrophie. Pour contrer ce genre de situation, il faut éviter de planter des feuillus autour du lac, surtout du côté des vents dominants ;

Fig. 4

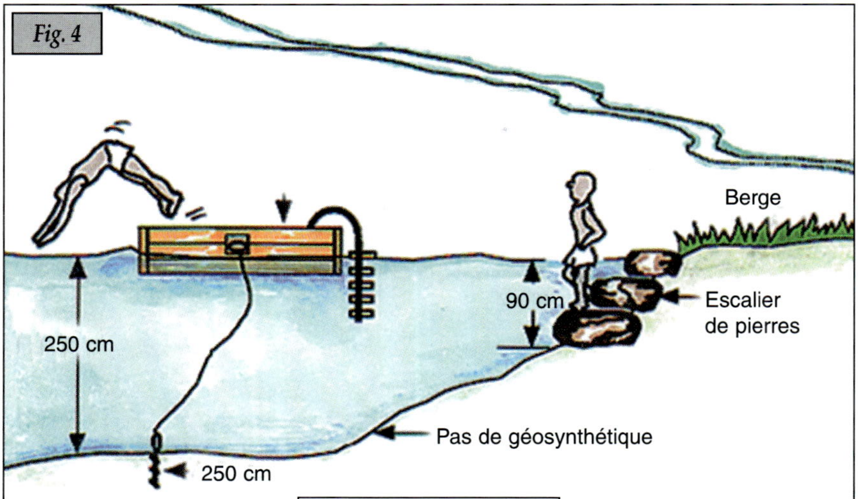

Plage et quai

ou alors il faut tenter de limiter l'accumulation des feuilles par une barrière végétale, comme un écran de conifères, ou installer un talus de rétention pour retenir les feuilles tombées. (Pour plus de détails, reportez-vous à la page 107 du présent ouvrage.)

La matière organique résultant de la décomposition des feuilles mortes peut aussi provenir d'un ruisseau de montagne qui se gonfle lors de fortes pluies et charrie des particules de matière organique. On peut diminuer l'impact négatif d'un tel affluent en creusant une fosse d'environ 2 m de profondeur sur toute la largeur du ruisseau juste avant que celui-ci débouche dans le lac. Ainsi, une grande partie de la matière organique s'accumulera au fond de la fosse ; elle sera alors plus facile à récupérer que si elle se retrouve dans le fond du lac. (Fig. 5, p. 33)

• Règle numéro trois : neutraliser les algues

Pour avoir une eau limpide, il faut arriver à neutraliser la prolifération des algues. Les algues sont des plantes microscopiques qui se nourrissent de minéraux solubles présents dans la colonne d'eau. L'accumulation des minéraux dans une eau stagnante est inévitable à cause de tous les éléments qui entourent le lac : feuilles mortes, déjections des oiseaux et des poissons, matières organiques provenant des effluents et des affluents, etc. Les plantes aquatiques sont efficaces pour traiter l'eau parce qu'elles assimilent une très grande partie des minéraux pour leur propre crois-

Fig. 5

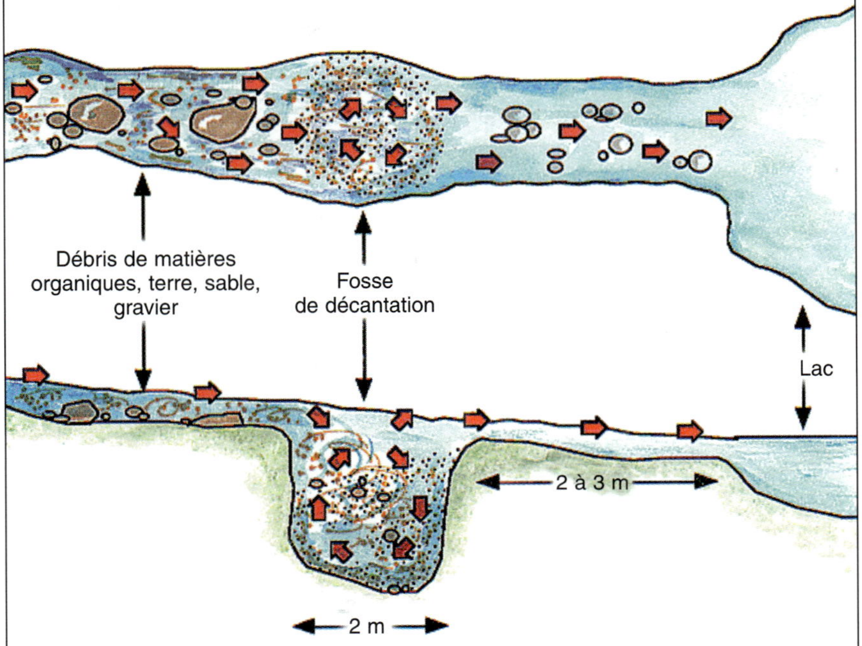

Fosse de décantation

sance. En quelque sorte, s'il y a assez de plantes pour assimiler les minéraux, il n'en restera plus, ou presque, de disponibles pour les algues.

Cette solution ne convient pas toujours cependant, puisque les plantes sont parfois trop envahissantes, ou encore parce que dans certains cas, comme pour l'étang-baignade, elles peuvent gêner les baigneurs.

Habituellement, dans un lac d'environ 3 m de profondeur et de 100 m de diamètre, les plantes submergées suffisent à garder l'eau claire et bien oxygénée. Il est facile de placer ces plantes de fond de façon qu'elles ne nuisent pas aux baigneurs puisque certaines d'entre elles n'atteignent que 30 cm de hauteur. Si une ou plusieurs sources contaminantes stimulent la croissance des algues, il faudra ajouter des plantes de milieux humides. On peut le faire très efficacement, à bon marché et sans nuire aux baigneurs en aménageant un marais filtrant artificiel. Quel que soit le cas, l'aménage-

Ph. 6

Réalisation : Robert Lapalme

ment d'un marais filtrant est un atout majeur dans toutes les situations où l'on désire gérer efficacement la qualité de l'eau. C'est pourquoi nous vous le recommandons fortement. Vous trouverez tous les détails concernant l'aménagement d'un marais filtrant à la page 94 du présent ouvrage. La photo ci-dessus montre un marais filtrant situé à la droite du quai, dans l'étang-baignade.

Si vous optez pour un étang de pêche...

Ph. 7

Les Jardins d'Henriette, Saint-Lazare

Une eau bien oxygénée, saine et limpide, vous assurera des prises à la chair tendre et délicieuse. Les poissons de la famille des salmonidés sont les plus exigeants quant à la qualité de l'eau. Mais il ne faut pas négliger pour autant les autres espèces de poissons. En visant les paramètres suivants pour l'étang de pêche, vous serez certain de combler les exigences de chacun. Notez que ces critères s'appliquent également dans le cas d'un étang-baignade.

- Température de l'eau variant entre 5 et 16° C
- pH : de 6,5 à 8,5
- P (phosphore) : 0,01 mg/l
- NO_2 (nitrite) : moins de 0,001 mg/l
- NO_3 (nitrate) : moins de 1 mg/l
- NH_4 (ammoniac) : moins de 0,02 mg/l
- Cl (chlore) : 0,003 mg/l
- H_2S (sulfure d'hydrogène) : 0,002 mg/l
- Cu (cuivre) : 0,006 mg/l
- Fe (fer) : 0,5 mg/l
- Zn (zinc) : 0,005 mg/l
- Solides en suspension : 80 mg/l
- Concentration en oxygène : 65 % de la saturation
- Alcalinité normale : moins de 50 mg/l

Si l'eau du lac est courante (i.e., si elle se renouvelle à raison de 50 m^3 à l'heure ou plus), elle aura la qualité de son affluent. Si l'eau de cet affluent n'atteint pas les standards précités, vous devrez probablement vous en contenter parce qu'à cette vitesse de renouvellement, votre plan d'eau, aussi bien construit soit-il, ne pourra en améliorer les composantes à moins que vous ne déviez une partie de l'affluent.

Si l'eau de votre étang est stagnante, il vous faudra prévoir une profondeur de 4 m afin d'assurer le refroidissement de cette eau et atteindre ainsi les mêmes standards. Dans le cas où le sous-sol ne permet pas d'atteindre ce niveau ou s'il n'y a pas une bonne source pour renouveler l'eau, l'achigan sera votre choix, lorsqu'il s'agira d'ensemencer votre lac. La raison en est bien simple : une eau trop chaude, en plus de rendre les truites moins motivées à mordre, les oblige à ratisser le fond du lac à la recherche d'une eau plus froide. Ce faisant, elles soulèvent les sédiments, et c'en est fini de l'eau claire et limpide. De plus, les truites devront sans cesse passer du fond froid à l'eau chaude se trouvant près de la surface pour augmenter leur apport en oxygène, ce qui leur occasionnera un stress souvent fatal.

Les achigans, eux, tolèrent une eau plus chaude et résistent sans problème à des conditions de vie qui sont si néfastes pour les truites. Les achigans peuvent en effet vivre dans des plans d'eau de 2 m de profondeur et dont la teneur en oxygène est de 3 u/pm alors que les truites nécessitent 5 u/pm. Dans tous les cas, prévoyez des fonds à paliers pour mieux répondre aux besoins des poissons selon leur stade de développement. Ainsi, les alevins pourront changer de palier pour retrouver la température de l'eau qui leur convient.

Vous pouvez augmenter la teneur en oxygène de votre lac par des moyens mécaniques. Vous pensez installer un aérateur de surface ? Ce n'est pas la solution idéale puisque cet appareil est coûteux à l'achat, en plus d'être bruyant, énergivore et peu esthétique. Ajoutons que l'oxygène qu'il génère se situe en surface et que le vent oxygène déjà les premiers 120 cm de profondeur. De plus, le brassage de l'eau par l'appareil va réchauffer l'eau de l'ensemble du bassin. Si vous possédez déjà un tel système, faites-le fonctionner de préférence la nuit ; ainsi le réchauffement de l'eau sera moins important.

Vous songez au jet de fontaine ? Contrairement à la croyance populaire, ce système n'est pas très efficace. Le fait de projeter l'eau dans l'air chaud a pour effet de réchauffer celle-ci et, par conséquent, de diminuer sa teneur en oxygène. La fontaine fait augmenter le taux d'oxygène dans son rayon d'action, mais elle provoque une baisse de ce taux dans tout le reste du bassin. Installez un jet de fontaine pour sa beauté mais non pour son efficacité.

Un aérateur de fond est beaucoup plus efficace. Ce système permet d'injecter de l'air directement par le fond du lac. (Vous trouverez les détails sur ce système d'aération à la page 78 du présent ouvrage.) De cette façon, en plus d'oxygéner la colonne d'eau du fond jusqu'à la surface, vous oxygénez le benthos, ce qui assure une nourriture naturelle de bonne qualité à vos poissons. En outre, les bactéries épuratoires qui digèrent les matières organiques du fond, empêchant ainsi l'accumulation de sédiments, sont mieux oxygénées, plus actives et donc plus efficaces. Nous croyons qu'avec le marais filtrant, l'aérateur de fond est le moyen le plus sûr de conserver son lac jeune et d'éviter d'avoir à le vider périodiquement pour le nettoyer.

L'alimentation des poissons

L'alimentation des poissons joue également un rôle important dans le maintien d'une bonne qualité d'eau. La moulée commerciale est acceptable, à condition qu'on l'utilise en petite quantité : tout doit être mangé dans les cinq minutes qui suivent l'épandage. Absorbée en grande quantité, elle change le goût de la chair des poissons en plus d'augmenter les sédiments, la quantité de déjections et le taux d'ammoniaque dans l'eau. On y gagne en favorisant une alimentation naturelle à partir des insectes et des mollusques qui se fixent aux rameaux submergés des arbustes de la rive. Un benthos bien oxygéné abrite des vers et des crustacés, ce qui constitue un excellent garde-manger. Les poissons mangent aussi des grenouilles et des écrevisses.

Les alevins se nourrissent de périphyton, qu'on retrouve sur le substrat ou sur les feuilles des plantes aquatiques. Quant au fretin, il privilégie plutôt les bactéries, les algues et le plancton. Au début de leur existence, la plupart des poissons sont omnivores, mais en devenant adultes, leur diète est parfois très spécialisée. Le brochet devient carnivore, la truite insectivore, la barbote détritivore et l'achigan à petite bouche, carcinophage. Crapet, carpe et perchaude demeurent omnivores toute leur vie.

Ensemencez au bon moment

Pour que votre étang atteigne son équilibre optimal, il faudra y mettre le temps et faire preuve de patience. Idéalement, on attend que la végétation soit bien implantée avant de procéder à l'ensemencement des poissons, qui se fera habituellement à la saison suivante. Mais il ne faut pas non plus trop tarder, pour ne pas se retrouver avec des hôtes indésirables. Car les oiseaux peuvent transporter, collés à leurs pattes, des œufs de poissons provenant d'un plan d'eau voisin.

La frayère

Vous souhaitez aménager une frayère pour la truite arc-en-ciel ou la truite mouchetée ? Pour ce faire, vous devrez créer un haut-fond à environ 30 ou 60 cm de la surface. Après que le mâle aura fécondé les œufs, il faudra isoler ce site du plan d'eau principal, protégeant ainsi les alevins de l'appétit vorace de leurs géniteurs. Si, en plus, un grillage recouvrait la frayère, le vison et le héron seraient également privés de ce festin. Lorsque les alevins auront atteint quelque 15 cm de longueur, on pourra les libérer.

Pour préparer la frayère, construisez une enceinte de 20 à 30 cm de hauteur à l'aide de grosses roches dont la dimension variera selon l'emplacement choisi. Nous suggérons une surface de frayère de 1 m^2. Dans cette enceinte, vous déposez le gravier de la frayère. En eau stagnante, sur le littoral du lac, le diamètre des cailloux du gravier sera de 25 à 50 mm. Avec du gravier de cette taille, les œufs descendront entre les cailloux et seront ainsi à l'abri.

Il est préférable d'utiliser du gravier rond plutôt que concassé, pour favoriser la libre circulation de l'eau oxygénée, essentielle à la survie des œufs. Nettoyer entre les périodes de frai , afin que des sédiments ne viennent pas s'y accumuler.

Si la frayère se situe en eau courante, dans un ruisseau, par exemple, le courant va aider le poisson à creuser le gravier afin d'y déposer ses œufs. Dans ce cas, le gravier pourra être plus petit (de 9 à 25 mm de diamètre). La vitesse du courant devrait varier entre 60 et 90 cm/sec. Vous pouvez la mesurer en calculant le temps que prend un objet flottant pour franchir un point situé en amont jusqu'à un point situé en aval.

La frayère en eau courante assure aux œufs une eau bien oxygénée. En eau stagnante, construisez la frayère sur le littoral qui reçoit les vents dominants pour assurer l'oxygène nécessaire. Aménagez un abri à proximité de la frayère ; ainsi, les alevins et le fretin pourront se protéger des prédateurs. Des roches que vous aurez superposées de façon à créer un mur de 10 à 30 cm de hauteur feront l'affaire.

Le potentiel d'une frayère est lié au type de substrat utilisé, au pourcentage de recouvrement des différents substrats et à la pente de la beine. Voici, du premier au troisième choix, les substrats que l'on peut employer en regard du frai de quelques espèces faisant l'objet d'une pêche sportive. Vous remarquerez que pour certains types de poissons, comme le brochet, la frayère est une terrasse inondée. Or, votre lac n'aura pas à subir une quelconque inondation puisque la décharge y maintiendra un niveau constant. Pour créer des conditions de frai semblables à celles des terrasses inondées, vous pouvez réserver un haut-fond de 14 m^2 de surface et de

Fig. 6

Abri en roches

Fig. 7

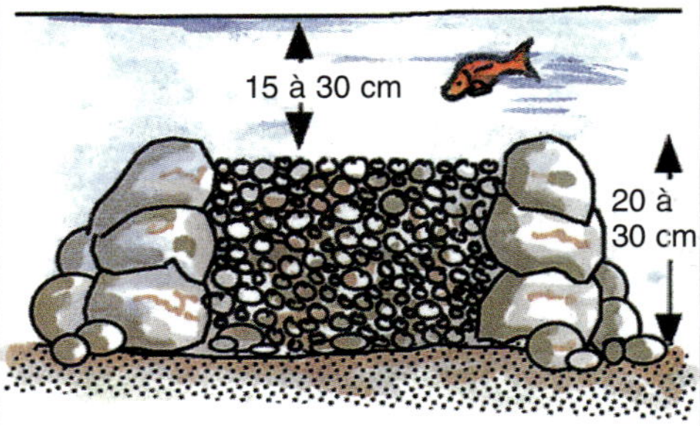

Frayère de gravier

Fig. 8

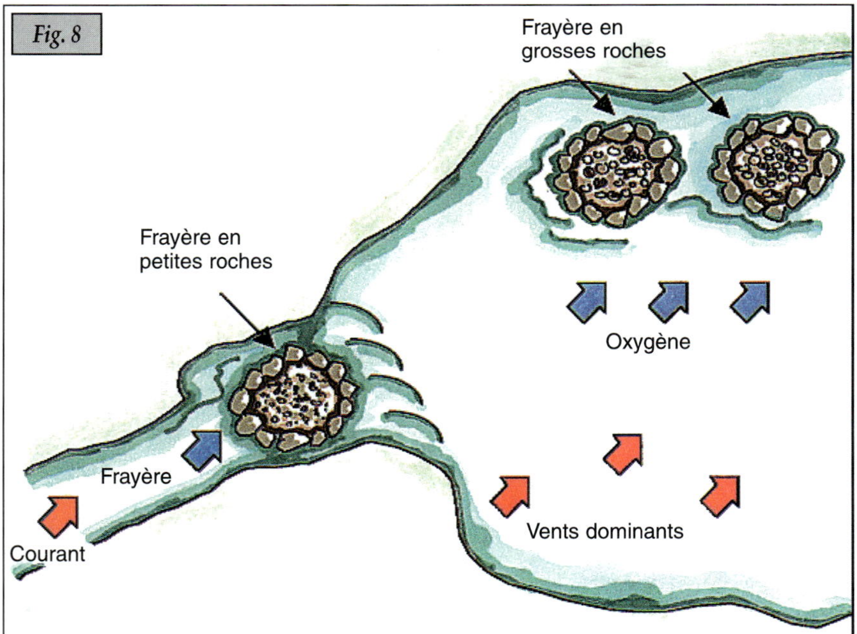

Positionnement des frayères de gravier

15 cm de profondeur. Sur ce plateau, vous planterez un petit jonc miniature, qui peut tolérer l'inondation. Cette plante ressemble à de la pelouse et a pour nom *eleocharis acicularis.* (Voir Tableau du potentiel de frayère, p. 42)

Mis à part la frayère[2], le reste de l'étang de pêche devrait comporter des rives assez abruptes pour éviter que les plantes aquatiques n'avancent trop loin dans le plan d'eau. Une trop grande quantité de plantes peut être nuisible puisque, à l'automne, la masse de leurs feuilles en décomposition dans l'eau réduira le taux d'oxygène disponible pour la faune aquatique.

2. *Voir tableau en annexe 2 sur les espèces de poissons et leur type de frayère.*

POTENTIEL DE FRAYÈRE				
Nom latin	**Nom usuel**	**1er choix**	**2e choix**	**3e choix**
Ambloplites gibbosus	Crapet-soleil	végétation aquatique		
Ambloplites rupestris	Crapet de roche	gravier		
Coregonus clupeaformis	Corégone de lac	gravier	galet	sable
Esox lucius	Grand brochet	terrasse inondée	baie herbeuse	
Esox maskinongy	Maskinongé	terrasse inondée	baie herbeuse	
Esox nige	Brochet maillé	terrasse inondée	baie herbeuse	
Ictalurus nubulosu	Barbotte brune du nord	baie herbeuse	souche, branche	
Mycropterus dolomieui	Achigan à petite bouche	gravier	sable	galet
Perca flavescens	Perchaude	végétation aquatique		
Salmo gairdneri	Truite arc-en-ciel	gravier		
Salmo trutta	Truite brune	gravier	galet	
Salmon salar ouananiche	Ouananiche	gravier		
Salvelinus alpinus marstoni	Omble rouge du Québec	gravier	galet	
Salvelinus fontinalis	Truite mouchetée	gravier	galet	sable
Salvelinus namaycush	Touladi	galet	gravier	blocaille
Stizostedion canadense	Doré noir	galet	gravier	blocaille
Stizostedion vitreum	Doré jaune	galet	gravier	blocaille

Si vous optez pour l'étang-jardin…

Michel Martel

De plus en plus populaire, le jardin d'eau est perçu comme un lieu de détente et de méditation. Le bruit de l'eau qui coule en ruisseau ou en cascade nous apaise. C'est également un plaisir pour l'œil par la variété de la végétation qui s'y trouve et la richesse des coloris qui s'y déploient, en plus d'être un lieu d'observation privilégié de la vie animale. La création d'un tel écosystème a une fonction écologique indéniable, car il attire les batraciens, les insectes et les oiseaux insectivores.

Il faudra, bien sûr, faire appel à toute sa créativité pour aménager cet endroit. Mais pour obtenir un plan d'eau harmonieux, il y a certains éléments dont il faut tenir compte avant tout.

Dès l'étape de la conception de votre jardin aquatique, il sera nécessaire de prévoir les divers éléments qui le mettront en valeur, car certains auront une incidence sur l'ensemble du projet.

Le parcours du sentier

Le sentier, par exemple, devra permettre de découvrir progressivement les multiples charmes du jardin. Il faut éviter de tout montrer d'un seul coup. Le sentier devra donc s'approcher et s'éloigner occasionnellement de la rive. Ainsi, en éloignant le visiteur du plan d'eau, on l'invite à porter son regard sur un autre point d'intérêt : jardin plate-bande, sculpture, rocher, ruisseau, boisé, etc. Lorsque le sentier revient près de la rive, une fenêtre s'ouvre sur un autre point de vue, renouvelant ainsi le plaisir des yeux.

Fig. 9

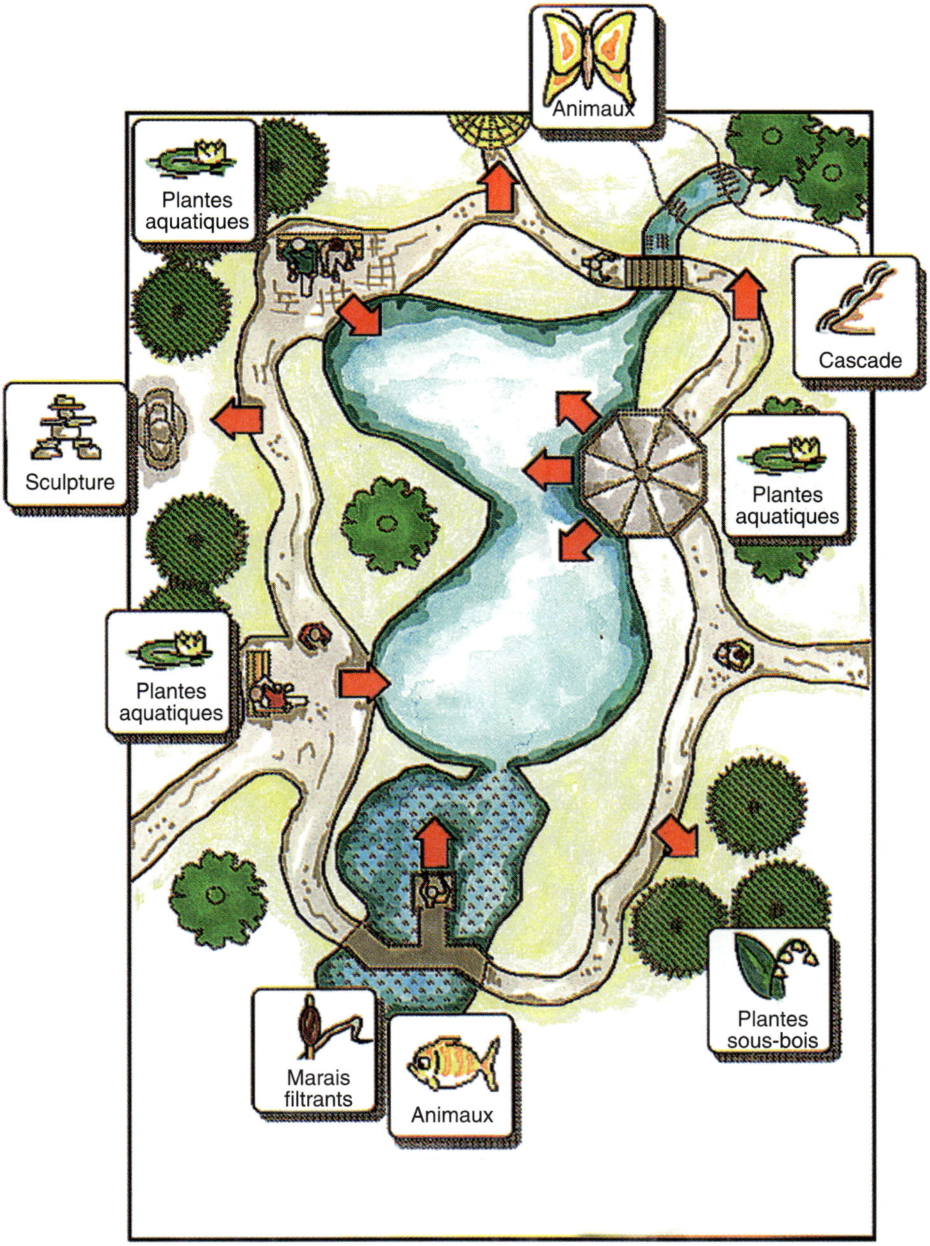

Étangs-jardins avec sentier

Pour la méditation, la contemplation ou tout simplement pour se reposer, prévoyez un espace à l'abri des vents pour y installer un banc ou un patio, avec la lumière à contre-jour. Ainsi, vous pourrez jouir du paysage sans être ébloui par les rayons du soleil.

Si vous aimez traverser un plan d'eau en empruntant un pont, prévoyez un haut-fond ou un rétrécissement du lac, afin que la structure ne soit ni trop grosse ni trop encombrante dans l'aménagement.

Ph. 9

Les Jardins d'Henriette

Tib Beament

Ph. 12

Aménagement : Michel Martel

L'aménagement d'une cascade ou d'un ruisseau peut être déterminant pour l'ambiance du jardin. Aussi faut-il en prévoir l'emplacement dès le départ afin que tous les autres éléments d'infrastructure, tels les drains, les conduits électriques, le sentier, le patio, etc., y soient incorporés harmonieusement.

Dans les films, la musique met l'image en valeur ; il en est de même pour le jardin. Imaginez la contemplation d'une scène digne des tableaux de Monet sur fond sonore de sonate ou de symphonie. On peut trouver aujourd'hui, à un prix très abordable, des haut-parleurs de jardin performants, discrets, qui résistent aux intempéries et même aux plus durs hivers. On peut en dire tout autant du système d'éclairage, qui vous permettra de jouir de votre œuvre après la tombée du jour. Vous aurez là tous les éléments d'un jardin romantique conçu pour favoriser la sérénité, l'évasion de l'esprit et le plaisir de l'âme.

L'attraction majeure de votre étang-jardin sera sans contredit sa flore. Vous trouverez au chapitre 6 les informations pertinentes sur les plantes aquatiques.

Maintenant que vous avez choisi la vocation de votre plan d'eau, voyons si votre terrain se prête bien à ce type d'aménagement.

Chapitre 2

LE POTENTIEL DU TERRAIN

Pour les lacs et les étangs réglementés (veuillez, à ce sujet, vous référer à l'annexe sur la réglementation), il est préférable d'évaluer le potentiel du terrain avant d'entreprendre les démarches relatives à l'obtention d'un permis, lesquelles démarches peuvent s'avérer longues et coûteuses.

Il faut d'abord connaître la composition du sol, puis la profondeur à laquelle se trouvent les divers éléments qui le composent, soit le sable, le gravier, la terre argileuse et le roc. Par exemple, si le pourcentage d'argile est élevé, cela signifie que le sol a une bonne capacité de rétention d'eau et que vous n'aurez probablement pas à investir dans l'achat de membranes géosynthétiques coûteuses.

Un sol légèrement pauvre en argile peut être amendé sans trop de difficulté avec du bentonite (argile sèche en poudre). Par contre, si le sous-sol est composé de sable et de gravier, il vous faudra importer de l'argile, ce qui augmentera sensiblement les coûts du projet. Notez qu'un nouveau type d'argile, le peltonite, vient d'être introduit sur le marché. Cette argile est formée de granules de la dimension d'une bille, augmentant de 7 fois leur volume dans l'eau. Cette argile est utilisée pour colmater les grosses fissures.

Les entrepreneurs en excavation de votre région devraient être en mesure de vous donner de bons indices sur la composition de votre sous-sol. Pour ce faire, il leur faudra creuser un trou de 3 m de diamètre sur 4 m de profondeur. Cet échantillon vous révélera la nature de votre sous-sol, son pourcentage en argile ainsi que la facilité de creusage. Il permettra en outre à l'excavateur de déterminer avec plus de précision le type de machinerie à utiliser ainsi que la durée et le coût approximatif des travaux.

Il vous en coûtera un peu plus de cent dollars pour obtenir ces renseignements, mais cela vous évitera peut-être des surprises susceptibles d'entraîner des dépenses beaucoup plus lourdes ou qui vous obligeraient à revoir vos objectifs. Par exemple, si vous découvrez qu'il y a du roc solide à une profondeur de 2 m à l'endroit prévu pour votre étang de pêche, vous déciderez peut-être de troquer la truite pour l'achigan, ou encore vous penserez qu'il vaut mieux renoncer au tremplin de l'étang-baignade.

Voici un petit test maison tout simple qui vous permettra d'évaluer l'imperméabilité de votre argile. Prenez un peu d'argile et faites-en une boule au creux de votre main en ajoutant un peu d'eau, si nécessaire. Si la boule ainsi formée reste intacte, sans se briser, lorsque vous ouvrez la main, vous pouvez vous y fier ; il sera donc inutile d'ajouter d'autres éléments. Si la boule se défait, ajoutez un peu de bentonite pour la lier. Vous pourrez ainsi évaluer la quantité de bentonite nécessaire pour rendre votre sol imperméable. L'épaisseur minimum requise pour le matériel étanche devant être de 15 cm, faites le calcul en fonction de la surface à couvrir ; vous aurez alors une bonne idée du prix à payer pour l'imperméabilisation. La bentonite se vend en sacs de 25 kg au coût approximatif de 30 $ (19.80 €) (selon le fournisseur).

Si le sol est graveleux et qu'il faille opter pour la membrane, il vous en coûtera environ 11 $ (7.26 €) le m^2 pour du matériel de qualité. Le calcul est simple : il suffit de multiplier par 2 chacune des deux mesures correspondantes à la profondeur maximale et à la largeur pour obtenir la surface à couvrir. Ce qui donne ceci : (profondeur x 2 + longueur) x (profondeur x 2 + largeur) = m^2 x 11 $ (7.26 €) = coût total.

Si cela convient à votre bourse, il ne vous restera plus qu'à reprendre des mesures plus précises lorsque le trou sera creusé. Cependant, il s'agit là d'une solution fort coûteuse, qui ne s'applique qu'aux petits plans d'eau. À titre d'exemple, pour un plan d'eau de 25 m de diamètre sur 3 m de profondeur, le coût des matériaux géosynthétiques serait d'environ 10 000 $ (6.600 €), sans compter les travaux d'excavation et d'aménagement. C'est pourquoi cette option est la dernière alternative à envisager.

Les coûts d'excavation sont de près de 1 000 $ (666 €) par jour s'ils sont exécutés avec un bulldozer. Toutefois, ces prix peuvent doubler si on doit faire intervenir en même temps d'autres machineries, comme une pelle mécanique, un camion pour transporter le matériel et une chargeuse.

L'usage qui sera fait du matériel peut faire une grosse différence dans le budget. Si le terrain est en pente douce et qu'il n'y a qu'à pousser ce matériel sur les côtés pour façonner la digue, les déplacements seront mineurs, donc moins coûteux. Si, par contre, l'espace restreint nécessite le transport du camion et de la chargeuse sur un site plus éloigné, les frais d'utilisation pourront facilement être doublés. Une simple visite du terrain permettra à l'entrepreneur d'évaluer l'ampleur des travaux à exécuter.

Si la pente du terrain est abrupte, faites une prise sommaire des niveaux pour déterminer la hauteur de la digue située au point le plus bas du site. Il vous sera alors possible d'évaluer l'impact de la digue sur l'environnement tant du point de vue visuel qu'en regard des dommages à être imputés au terrain. Par exemple, plus une digue sera haute, plus elle doit être large. Et si les collets des arbres sont recouverts de terre, ceux-ci mourront après trois ou cinq ans. Pour contourner cette difficulté et si le terrain s'y prête, il est possible de créer un plan d'eau formé de bassins successifs qui se déchargeront les uns dans les autres par le biais d'une cascade confectionnée avec une membrane. Il s'agit là d'une solution économique et esthétique qui donnera de la valeur à votre ouvrage. Une pompe placée dans le bassin inférieur permettra à l'eau de circuler constamment et de créer des jeux de cascades et de ruisseaux fort appréciés.

Fig. 10

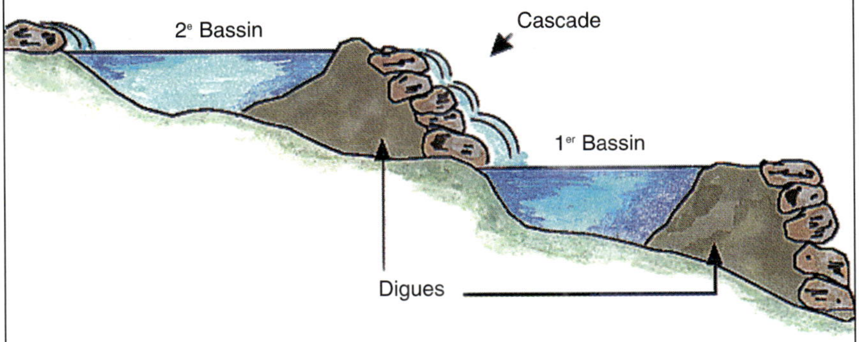

Bassins successifs

Le déboisement

S'il s'avère nécessaire de déboiser avant de procéder à l'excavation, je vous suggère de consulter le groupement forestier de votre région. Son représentant pourra vous donner une estimation de la valeur du bois à acheter et de son potentiel d'utilisation. Ce groupement peut aussi faire la coupe du bois, le vendre et vous payer la différence entre la valeur du bois et celle de la coupe. Vous pourriez également offrir le bois à une entreprise qui vend du bois de chauffage. Dans les deux cas, établissez une entente claire quant à la date des travaux, aux voies d'accès sur le terrain de coupe, à la méthode utilisée pour sortir le bois, ramasser les branches et les jeunes arbres, et remettre le terrain en état.

Habituellement, la coupe se fait tard à l'automne ou encore en hiver, lorsque le sol est gelé. La machinerie peut alors circuler plus facilement sans endommager le sol, et le bois n'est pas souillé par la boue, ce que les moulins à scie ont en horreur. Les branches peuvent être déchiquetées et servir de couvre-sol, ou ramassées en tas pour être brûlées. Quelle que soit la solution retenue, assurez-vous qu'elle soit assumée entièrement par l'entreprise en charge.

La tâche à effectuer n'est pas négligeable. Ne comptez donc pas l'accomplir dans vos temps libres. Imaginez une centaine d'arbres matures dont les branches sont entremêlées et éparpillées. Sans équipement adéquat, la corvée sera longue et fastidieuse. Il faudra aussi disposer des souches, après le dégel. N'espérez surtout pas pouvoir les enterrer sous la digue, car il s'agit là d'une matière organique qui change de volume en se décomposant, ce qui risque de causer des fissures dans l'ouvrage.

Il reste un point important à considérer : celui de votre potentiel d'approvisionnement en eau. Un bon sourcier peut vous aider à déterminer s'il y a des veines qui peuvent alimenter votre futur lac. Le trou que vous avez fait creuser en début d'été pour connaître la composition du sous-sol pourra vous aider à trouver le niveau de la nappe phréatique à différents moments de l'année. Ces informations vont vous indiquer s'il vous faudra compenser par une autre source : un puits ou un bassin réservoir qui serait situé dans une partie plus basse du terrain et qui collecterait les eaux pluviales, ou qui serait simplement placé à un endroit où la nappe phréatique est plus haute. Cette réserve d'eau serait pompée dans le plan d'eau supérieur pour en stabiliser le niveau, même en temps de sécheresse.

Fig. 11

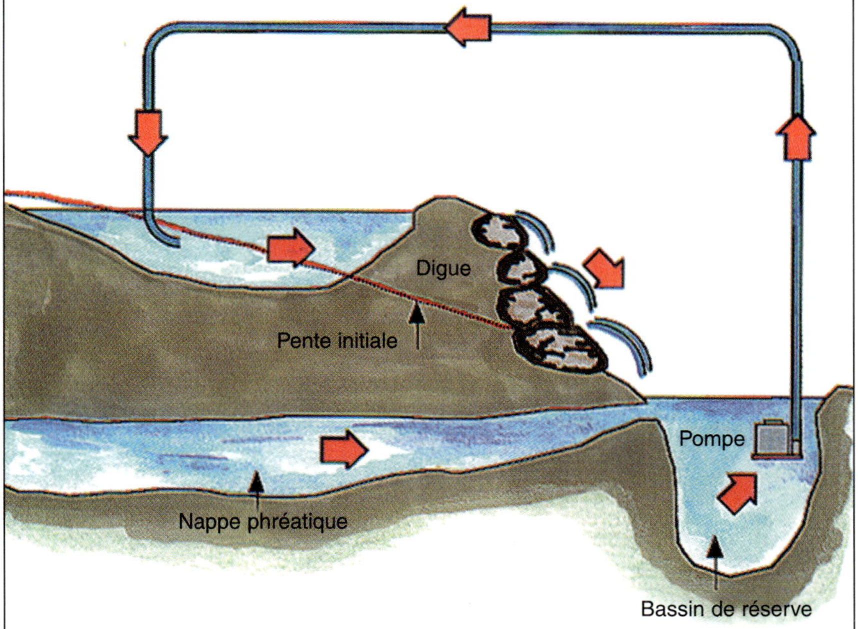

Bassin de réserve et nappe phréatique

On peut parfois s'approvisionner à même un ruisseau ou un plan d'eau naturel voisin. Dans ce cas, assurez-vous d'obtenir les autorisations requises à cause de l'impact que peut avoir votre projet sur l'environnement. L'approvisionnement à partir d'un plan d'eau naturel n'est pas nécessairement souhaitable. Tout dépend de la qualité et de la quantité d'eau disponible. Si le débit de la source d'approvisionnement est important, vous pourrez être assuré de la stabilité du niveau de votre lac. Cependant, vous ne pourrez agir sur la qualité de l'eau puisque, une fois le lac rempli, cette eau sera continuellement changée. Elle ne séjournera donc pas assez longtemps dans le plan d'eau pour être épurée efficacement par le marais filtrant.

Chapitre 3

LA CONCEPTION DU PLAN D'EAU

Selon le type de plan d'eau que vous souhaitez aménager, jardin, étang pour la baignade ou la pêche, habitat faunique, la conception variera. Vous êtes maintenant rendu à l'étape de l'exécution des plans. Vous avez donc à déterminer l'emplacement de votre plan d'eau, sa dimension, sa forme, les paliers de profondeur, la mécanique relative à l'approvisionnement, à l'aération, au trop-plein, au mode de vidange, à la digue, etc. Voyons d'abord comment vous pourrez tirer profit de votre projet sur le plan visuel.

Ph. 13

Le point de vue

L'accès visuel au lac, à partir de l'intérieur de la résidence, représente un atout majeur. Cela permet de surveiller les jeunes baigneurs, d'observer la faune et de jouir du paysage qui se transforme d'heure en heure, selon la position du soleil, selon les saisons, etc. De plus, vous pourrez ainsi contempler votre « œuvre » sans que la pluie, le froid ou les moustiques viennent vous incommoder.

Prenez soin de bien mesurer les angles de vision lors de l'ébauche de votre plan afin d'éviter le plus possible la coupe d'arbres. Pour la même raison, la végétation en bordure du lac devra être assez basse pour ne pas nuire à la vue. Évitez les bordures de roches car elles réchauffent l'eau, ce qui a pour effet de stimuler la croissance des algues. On trouve facilement sur le marché des vivaces très belles et faciles d'entretien. Vous pouvez également utiliser un mélange de semences de petites herbacées riveraines qui n'exigent ni désherbage ni tonte. Ces semences se trouvent facilement dans les centres-jardins sous le nom de Mélange Lab-eau. Vous pouvez aussi semer du trèfle, car les tiges de cette plante sont courtes, ce qui évite de tondre. De plus, ce tapis végétal va stabiliser la berge et réduire l'érosion.

L'accès

L'accès direct au lac à l'aide d'un véhicule est parfois très pratique pour le transport des matériaux lourds et pour l'entretien futur. La construction d'un tel chemin implique une base solide. Il faudra donc enlever la matière organique telle que la terre noire et la terre arable de surface, pour la remplacer par un mélange de sable et de gravier compacté. La machinerie utilisée pour le creusage devra de toute façon se frayer un chemin pour se rendre sur les lieux. Profitez-en donc pour planifier une voie d'accès définitive au lac, et faites mettre en place la base du chemin par la même occasion.

Vous pourrez ensuite laisser libre cours à votre imagination. Élaborez un sentier de ceinture bordé de plates-bandes fleuries pour la contemplation, la méditation et l'exploration. Suspendez un hamac entre deux arbres. Installez un banc à l'ombre, tout près de la cascade, pour les amoureux ; ajoutez une petite table et deux chaises pour l'apéro. Faites-vous plaisir.

La forme

L'esthétique de votre plan d'eau n'est pas nécessairement liée à la complexité des formes. Aussi je vous suggère de concevoir un design simple et des reliefs peu accidentés. Il faut savoir que l'eau a tendance à stagner dans les anses et les baies, et que cela favorise l'accumulation des déchets et des algues indésirables.

Si un ruisseau sillonne votre terrain, vous avez intérêt à dessiner un plan d'eau qui en suivra le parcours. Votre lac bénéficiera ainsi de la proximité d'une source d'approvisionnement en eau nouvelle ainsi que d'une meilleure circulation de surface. Celle-ci se fera plus facilement et plus rapidement, à cause de la présence du courant ainsi créé.

Un plan d'eau qui s'étend en longueur offre généralement une plus grande variété de paysages au nageur et au promeneur, ce qui peut être plus intéressant que de toujours tourner en rond. De plus, avec un plan d'eau de ce type, les poussières et les semences transportées par le vent seront balayées plus facilement, et elles ne s'accumuleront pas dans les anses.

Une fois le creusage effectué, vous aurez tout le loisir de créer du relief, soit par des élévations de terrain, soit par des rocailles, soit par des massifs de végétaux, de taille et de forme différentes.

Si vous prévoyez faire aménager un ruisseau ou une cascade, il est préférable de placer la pompe à l'extrémité du lac qui est opposée à celle où se trouve la cascade afin que toute l'eau puisse circuler. Même si vous devez pour cela utiliser quelques longueurs supplémentaires de tuyauterie, le résultat en vaut l'investissement. La pompe perd peu de puissance en poussée horizontale, et une circulation adéquate améliorera la qualité de l'eau.

La cascade devra être située dans un endroit ombragé, pour éviter que les roches qui la composent ne captent la chaleur du soleil, ce qui augmenterait sensiblement la température de l'eau. Si la végétation présente ne permet pas cette possibilité, prévoyez de planter des végétaux à croissance rapide à proximité de la cascade ou même dans le lit de celle-ci. Par exemple, la *mentha aquatica* croît très bien dans le gravier, là où il y a de l'eau vive. Cette plante rampante est facile à gérer dans ces conditions. Elle stabilise la température de l'eau et donne une allure naturelle à votre projet.

Fig. 12

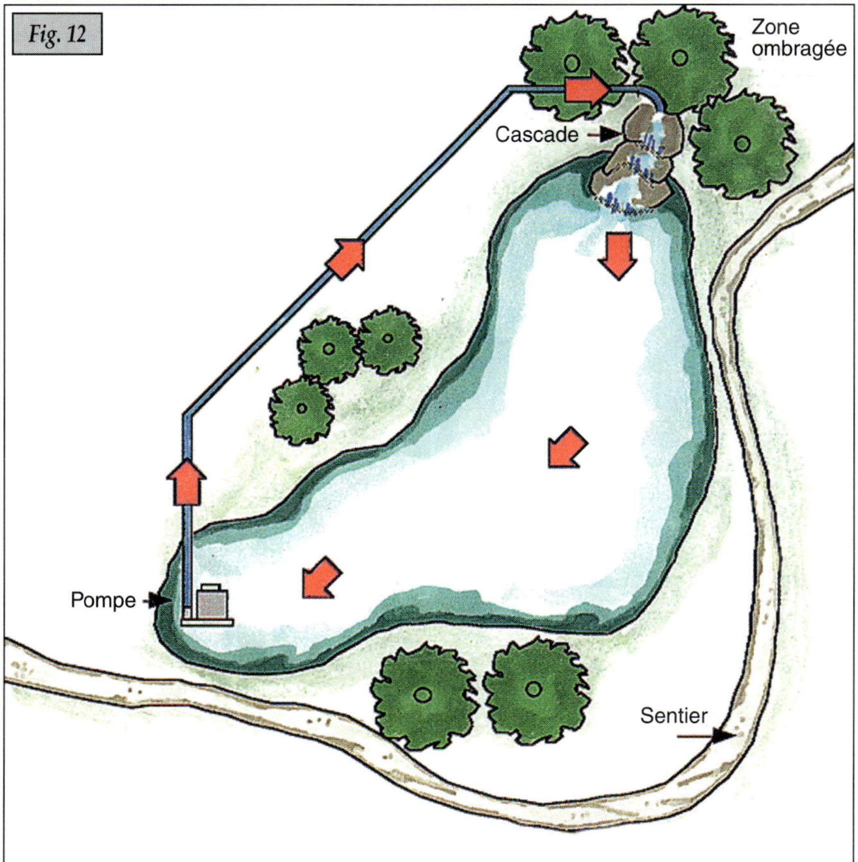

Position de la pompe par rapport à la cascade

Ne placez surtout pas la pompe dans la partie profonde du lac. L'eau froide du fond serait alors mélangée avec l'eau chaude de la surface, ce qui aurait pour effet de changer l'équilibre du milieu aquatique. La pompe devrait être mise à 1 m de profondeur sous la surface de l'eau, à un endroit appelé l'*épilimnon*. C'est à cette étape de la conception de votre lac que vous devrez prévoir l'emplacement des conduites d'eau et d'électricité.

L'emplacement du plan d'eau

La pente du terrain

Vous devez tenir compte de la morphologie du terrain pour déterminer le meilleur emplacement pour votre projet, en fonction des pentes, des arbres, des vents dominants et du degré d'ensoleillement. Comme nous l'avons mentionné précédemment, si les pentes sont fortes, vous aurez peut-être avantage à creuser de façon à créer des paliers successifs.

Ph. 14

Réalisation : Dominique Lapalme, Les Aménagements Rivages

Cette technique vous évitera de construire une digue haute et inesthétique. La cascade ainsi produite s'intégrera de façon plus naturelle au milieu environnant. Cependant, il ne faudrait pas créer de collines proéminentes sur un terrain plat ; car, quoi que vous fassiez, la cascade aurait toujours l'air artificiel.

Habituellement, on se sert des pentes naturelles pour aménager une cascade. Toutefois, en terrain plat, il serait préférable de miser sur un ruisseau pour créer une impression d'eau vive. Ce ruisseau prendra sa source dans un boisé environnant ou dans une légère pente façonnée à partir du surplus de matériaux engendré par le creusage. Au chapitre suivant, nous vous révélerons les détails relatifs à l'aménagement d'une cascade ou d'un ruisseau.

Les effluents

Les effluents vont vous aider à déterminer l'emplacement de votre plan d'eau ainsi que l'espace à préserver pour installer un drain ou une plate-bande filtrante. Si vous craignez de manquer d'eau, optez pour la plate-bande plutôt que le drain. Celle-ci captera et retiendra les eaux de ruissellement, en plus de les filtrer ; elle deviendra une source d'approvisionnement pour votre lac.

Plus la pente à drainer est longue, plus la quantité d'eau recueillie lors des pluies sera importante. Il faudra donc prévoir les dimensions de la plate-bande en fonction de la pente à drainer. Par exemple, pour une pente de quelque 100 m de hauteur, la plate-bande filtrante aura environ 45 cm de profondeur sur près de 2 m de largeur. (La technique de construction de cette plate-bande est expliquée à la page 104.) Il est cependant fort possible qu'elle ne suffise pas à la tâche sous une pluie torrentielle, et qu'il y ait débordement dans le lac. Rassurez-vous, ce sont les premiers litres d'eau qui sont les plus fortement chargés en matière azotée et phosphorée. Ainsi, le plus gros des nutriments aura été capté par le filtre, et l'eau sera suffisamment épurée.

La bande riveraine

En bordure du plan d'eau, vous devrez réserver une bande riveraine minimale de 4 m à partir de la ligne des arbres, la plate-bande filtrante en occupant déjà 2. Ajoutez à cela un sentier de ceinture d'une largeur de 1 m et une berge de 1 m également. N'oubliez pas que les vents dominants vont exercer une contrainte en poussant les feuilles mortes dans le plan d'eau. Laissez donc une zone libre de quelque 20 m entre le lac et les arbres du côté des vents dominants pour capter ces feuilles. Sinon, érigez une barrière de conifères et formez un petit talus qui retiendra les feuilles mortes. (Vous trouverez les détails sur cette technique à la page 107.)

Sur le pourtour de votre ouvrage, réservez au moins deux aires de repos, l'une située au soleil et à l'abri des vents pour les jours frisquets, et l'autre à l'ombre, pour les belles journées chaudes et ensoleillées de l'été.

Les paliers de fond

Il est important de varier la profondeur des divers paliers de fond. Évitez de creuser votre lac en forme de « bol à salade », c'est-à-dire avec des pentes abruptes partout, sous prétexte, entre autres, que cela réduit la prolifération des plantes aquatiques.

Rappelez-vous que les plantes sont nécessaires à l'équilibre du milieu. Pour être en mesure de bien gérer la végétation, il suffit de créer des paliers bien démarqués. Ainsi, les plantes auront de la difficulté à s'implanter sur un palier où la température de l'eau et la lumière sont trop différentes de celles qui prévalent dans leur lieu d'origine. Il se peut qu'une plante s'adapte à des conditions nouvelles mais il est facile de contrer ces échappées occasionnelles. Par exemple, les plantes des lieux humides, qui sont généralement envahissantes, vivent dans un sol humide ou inondé jusqu'à 30 cm sous la surface. Si le palier suivant est à 2 m de profondeur, le risque d'envahissement est pratiquement nul.

Dans les secteurs réservés à l'habitat faunique, la pente littorale devra être graduelle et douce afin que la végétation n'envahisse que l'espace prévu. Si tout le littoral est en pente douce, les plantes avanceront progressivement, créant une biomasse imposante par l'abondance de leurs feuilles et transformant le plan d'eau en un véritable marais.

Lors de la planification, il faut donc prévoir au moins trois paliers de profondeurs variées, soit :

- le bas-fond, ou la partie la plus profonde, qui aura entre 2 m et 4 m, selon la vocation du plan d'eau ;
- les hauts-fonds, où l'on plantera des nymphéas, auront une profondeur variant entre 60 cm et 1 m ;
- la zone humide, qui se situe tout près de la surface, variera entre 15 cm et 30 cm de profondeur.

Fig. 13

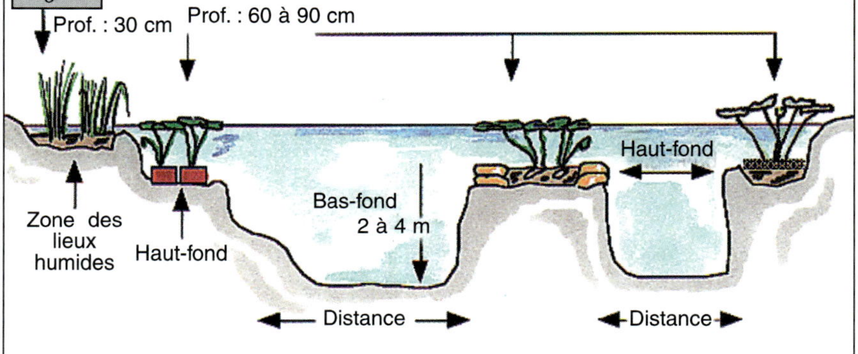

Vue en coupe de divers paliers

La zone des lieux humides

Cette zone de plantation n'ayant que 30 cm de profondeur, il faut pratiquement connaître le niveau exact de l'eau avant de procéder au creusage. Puisque le niveau maximum du lac sera déterminé par celui du trop-plein, c'est donc sur cette mesure qu'on se guidera pour excaver. Toutefois, dans le cas où il serait impossible de prévoir quel serait ce niveau, il faudra attendre quelques mois, voire la saison suivante, avant d'excaver la zone humide. Remarquez que cela ne vous empêchera pas de creuser l'autre partie du plan d'eau, quitte à revenir à la zone humide un an ou deux plus tard, puisqu'il s'agit là d'une intervention en surface qui ne nécessite pas de machinerie lourde.

Prévoyez cet aménagement sur vos plans, peu importe la période où vous pourrez le réaliser, puisque les zones des lieux humides serviront d'écran entre le sentier et le plan d'eau, selon la hauteur des végétaux. Si le substrat de plantation est très sablonneux, ces zones peuvent aussi servir de plate-bande filtrante entre le lac et ses effluents. Elles peuvent prendre toutes sortes de formes : en largeur, en longueur, en hauteur, en densité et en couleur, et elles donneront une dernière touche aux reliefs du lac.

Fig. 14

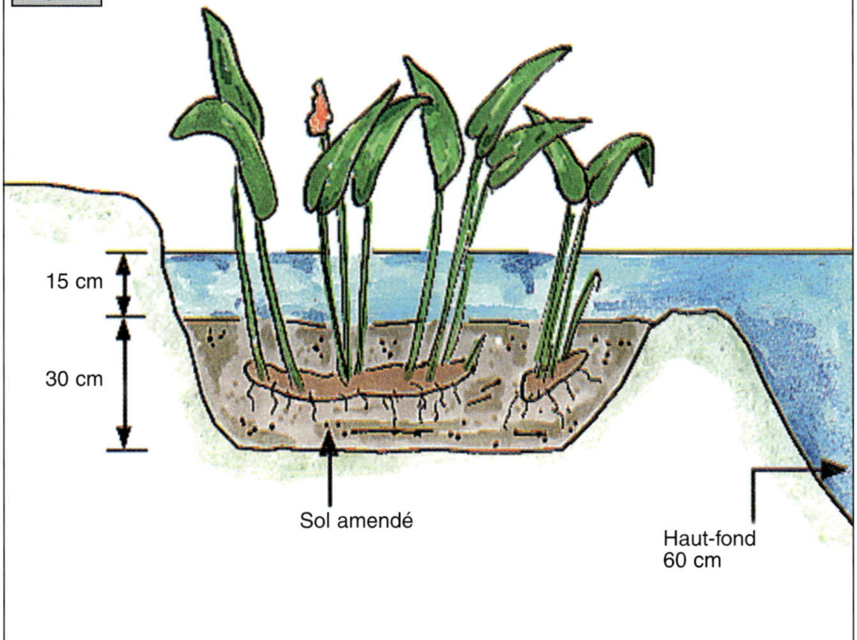

Zone des lieux humides

Les hauts-fonds

Ils ont 60 cm de profondeur et servent de plateaux pour les massifs de nymphéas. À vous de choisir les emplacements où ces plantes seront le plus en valeur, que ce soit en bordure ou au centre du lac. Si vous optez pour le centre du lac, n'excavez pas cette partie. Vous aurez ainsi un palier naturel bien solide, qui n'aura pas tendance à s'éroder ou à s'effondrer sous les mouvements de l'eau.

Le nombre de massifs à prévoir sera proportionnel à la dimension de votre plan d'eau. Comme un nymphéa atteint en moyenne 120 cm de diamètre, on distancera les plants de 1 m les uns par rapport aux autres. Ainsi, leurs feuilles et leurs fleurs se croiseront pour donner un effet plus intense. Les plateaux (hauts-fonds), qui sont en quelque sorte des plates-bandes sous-marines, permettent de positionner les massifs de plantes en plein milieu d'un lac tout en conservant une bonne profondeur pour l'ensemble du plan d'eau. Les nymphéas aident à conserver la température de l'eau plus fraîche grâce à l'ombre apportée par leur feuillage, diminuant par le fait même la prolifération des plantes indésirables.

Le bas-fond

Cette zone de 2 m et plus de profondeur est la plus profonde du plan d'eau. Si vous êtes sur le roc, il est possible que vous ne puissiez atteindre la profondeur minimale partout. Ne vous en faites pas pour autant, puisque les plantes ne prolifèrent pas sur le roc. Dans le cas d'un étang de pêche, par contre, il faudra évaluer quels types de poissons sont les mieux adaptés à sa profondeur maximale. Cela ne pose aucun problème pour l'étang-jardin et pour la qualité de l'eau de la baignade, mis à part, évidemment, l'impossibilité de plonger.

La partie la plus profonde du bas-fond devra se situer à l'extrémité qui est opposée à la digue, car la digue d'un terrain en pente est composée de matériaux meubles provenant du creusage. La pression de l'eau sur les parois de l'ouvrage augmente proportionnellement en fonction de la profondeur. Il est donc préférable de situer la partie la moins profonde du bas-fond à la base de la digue. Par contre, si vous projetez d'installer un système pour vider l'étang par le fond du plan d'eau, la partie la plus profonde devra se situer près de la digue, pour permettre une vidange complète.

Les pentes douces pour la baignade

Pour établir une pente progressive (environ 30 cm sur 1,5 m) afin de faciliter la baignade, prenez soin d'étendre sur le sol, à l'endroit choisi, une toile géosynthétique recouverte de galets. Cette technique, vous l'avez vu précédemment à la page 31, évitera de brouiller l'eau en remuant le sol du fond. Autre avantage : les plantes auront ainsi plus de difficulté à s'implanter. Les baigneurs pourront descendre à l'eau graduellement sans marcher dans la végétation. Cette opération est évidemment plus facile à réaliser avant que la pente soit inondée. Cette zone riveraine ne doit pas être trop étendue puisque les roches, qui servent de capteurs solaires, peuvent provoquer le réchauffement de l'ensemble du lac et la formation d'algues.

En milieu faunique, une pente douce ne nécessite pas de toile géosynthétique, de galets ou de pierres plates. Un telle zone devient vite riche en nutriments et en plantes, et attire ainsi les alevins et les invertébrés aquatiques. La sauvagine viendra s'y installer elle aussi pour se nourrir, se reposer ou se reproduire. Plus la surface sera grande, plus grande sera la variété faunique. L'action de certaines plantes sur la température de l'eau compensera pour son réchauffement dû au manque de profondeur ; la qualité de l'eau n'en sera pas affectée. Les plantes envahiront graduellement cette section peu profonde, ce qui est précisément le but recherché. Il faudra porter une attention particulière à l'entretien si on ne veut pas que cette zone se transforme en tourbière. Nous traiterons de cette question au chapitre portant sur l'entretien.

Le système de trop-plein

C'est ce système qui détermine le niveau d'eau maximum de votre lac. Un mécanisme simple, économique, efficace et esthétique sera installé en surface sous forme de ruisseau. (Les détails techniques relatifs à l'installation seront donnés au chapitre suivant.) Si le lac est déjà alimenté par un ruisseau naturel, le trop-plein devra nécessairement le rejoindre. Il est souhaitable, dans ce contexte, que le lac proprement dit se termine à une distance raisonnable du ruisseau naturel pour que l'eau y retourne facilement.

Prévoyez qu'au printemps, lors de la fonte des neiges, le volume d'eau sera beaucoup plus important et le débit plus rapide. La largeur et la profondeur du ruisseau naturel existant pourront vous guider quant aux dimension de votre trop-plein. Il en sera de même pour la grosseur des pierres qui le composent : celles qui sont déjà sur place vous indiqueront la dimension à respecter pour résister au courant le plus fort du ruisseau. Habituellement, pour éviter les pertes d'eau et l'érosion du sol à l'endroit où se décharge le lac, on utilise une géomembrane que l'on recouvre de roches, comme pour un ruisseau.

Fig. 15

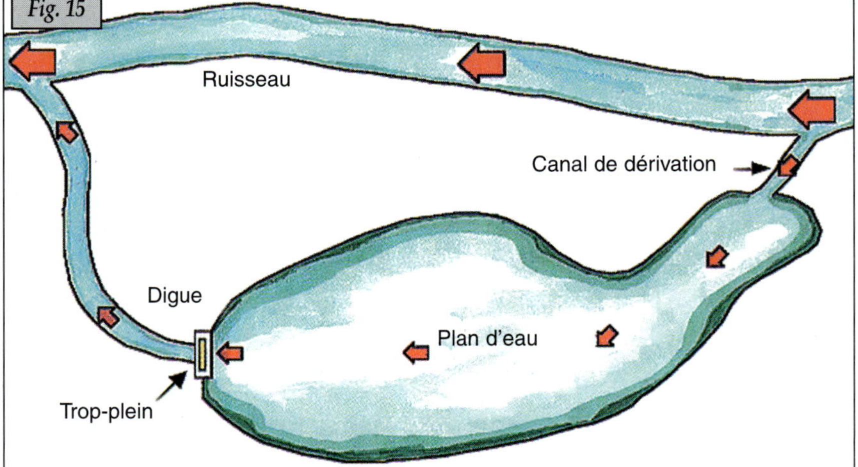

Plan d'eau en dérivation d'un ruisseau naturel

Fig. 16

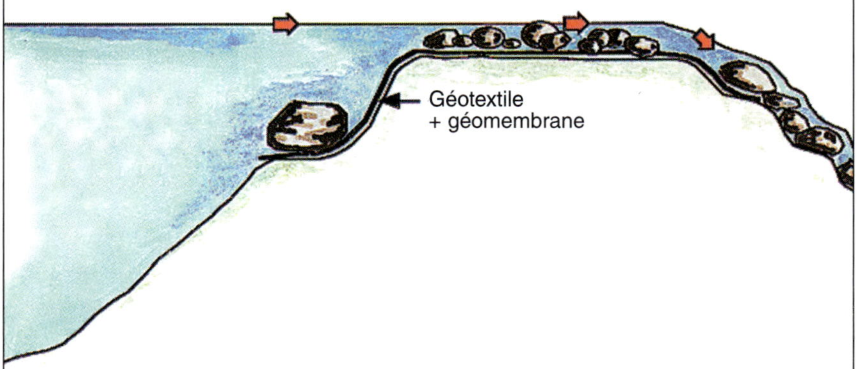

Décharge de surface

Si le lac est alimenté par des sources souterraines, assurez-vous que le ruisseau artificiel qui tiendra lieu de décharge aboutisse à un fossé quelconque afin d'éviter l'érosion du sol près du plan d'eau. Lors de la conception, prévoyez d'aménager un sentier près du ruisseau. Ce dernier sera en perpétuel changement et il deviendra, au fil des saisons et des crues, une attraction captivante à visiter et à observer.

La décharge d'un lac capte les eaux de surface et, avec elles, les semences qui flottent. Ces semences s'implantent facilement à cet endroit pour former des colonies denses. Cette zone du lac est habituellement envahie par le *typha* (quenouille), le *scirpus* (jonc), la *sagittaria* (sagittaire) et d'autres plantes des lieux humides. Pour éviter cet envahissement, prévoyez une descente très abrupte et recouverte de roches dans la zone du trop-plein. Vous pouvez même étendre une toile géosynthétique sur la berge, à cet endroit, afin de limiter l'enracinement.

Si vous installez votre trop-plein à la base de la digue à l'aide d'un tuyau, le surplus d'eau devra être acheminé par une canalisation aménagée sous forme de ruisseau. Toutefois, ce tuyau peut être à la source de fuites d'eau. Afin d'éviter ce désagrément, entourez-le de peltonite lors de l'enfouissement.

Fig. 17

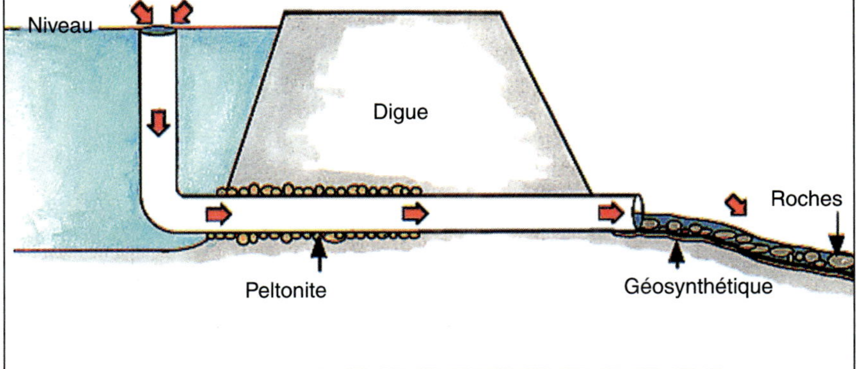

Trop-plein par le bas de la digue

Ph. 15

Les Jardins d'Henriette

Fig. 18

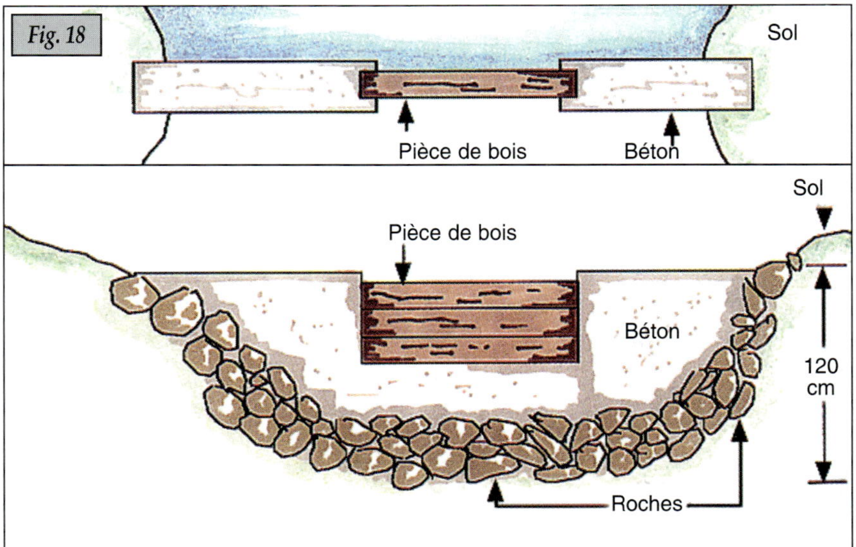

Vide-étang sous forme de barrage

Chapitre 4

LA RÉALISATION

Le moment de la réalisation du grand œuvre est enfin arrivé. Pour vous éviter une foule de soucis et de désagréments, confiez les travaux d'excavation à un entrepreneur reconnu dans votre région pour l'excellence de son travail et sa fiabilité. Notez toutefois que la technique de creusage de lacs en paliers est méconnue de la majorité d'entre eux. Aussi, serait-il prudent de vous entendre au préalable afin d'éviter les malentendus.

L'essouchage

Une fois les arbres abattus et les branches dégagées, l'excavateur peut commencer son travail. Il faudra prévoir une manière économique et sûre de se débarrasser des souches. Il n'est pas question de les enterrer dans l'ouvrage puisqu'il s'agit, comme nous l'avons mentionné auparavant, de matière organique. Celle-ci change de volume en se décomposant, ce qui peut entraîner un affaissement du terrain et occasionner des fuites dans la digue.

Diverses solutions peuvent être envisagées :

- Empiler les souches dans un endroit isolé et les laisser se décomposer. Dans une dizaine d'années, tout se transformera en bonne terre noire. S'il vous faut les transporter par camion, prenez soin d'évaluer les coûts de l'opération. On met un nombre très limité de souches dans une boîte de camion, et le chargement nécessite l'utilisation d'une pelle mécanique. Les fréquents aller et retour de la machinerie lourde au même endroit peuvent aussi endommager le terrain.
- Une autre solution consiste à utiliser les souches comme base pour la création de petits vallons recouverts de terre ; on consolide le tout avec quelques bonnes roches et, mine de rien, on donne un peu de relief au paysage.

- Enfin, si le sous-sol est graveleux, on peut creuser un trou, en extraire le gravier pour construire la route d'accès au lac ou la base des sentiers de marche, et remplir le trou avec les souches.

Votre entrepreneur devrait être en mesure de vous conseiller sur les meilleures façons de procéder.

La prise des niveaux

Il est possible de louer un transit et de procéder à la prise des niveaux avec un assistant. Toutefois, il serait sans doute préférable de confier cette tâche à l'excavateur, qui peut généralement l'exécuter à l'aide d'un appareil au laser de très grande précision. Son expérience lui permet de localiser les meilleurs points de repère.

Afin de marquer le périmètre du bassin, vous aurez besoin d'une bonne quantité de piquets d'une longueur d'environ 2 m. Munissez-vous d'une masse et d'une bonbonne de peinture phosphorescente, et il ne vous restera plus qu'à vous transformer en assistant. Assurez-vous que le talus qui borde la surface de l'eau soit d'au moins 30 cm plus haut que le niveau désiré, pour contrer l'effet de la compaction du sol qui se produit au cours de la première année. Vérifiez avec votre entrepreneur si cette mesure (de 30 cm) est suffisante pour le type de sol que vous avez.

L'utilisation du sol arable

Généralement, la couche de sol arable comprend les 30 premiers centimètres du sol d'origine et contient de la matière organique. Elle doit être retirée et mise de côté, et être réutilisée par la suite pour les arbres et les plates-bandes. Tout comme les souches, cette couche de sol doit être déplacée et elle ne doit pas être mélangée au matériel qui servira de remblai pour la digue. Il est donc important de ne pas creuser un trou profond qu'on agrandirait mais bien d'extraire couche après couche sur toute la surface. Car il ne faut pas mélanger le matériel de compaction (30 cm et plus de profondeur) avec la matière organique contenue dans la couche supérieure du sol.

La digue

Une fois le sol arable retiré, on utilise un bulldozer pour entasser les couches de terre argileuse du sous-sol de manière à façonner la digue. Le rapport sera de 3 pour 1 pour la pente intérieure de la digue et de 2 pour 1 pour la pente extérieure ; la largeur minimale du faîte sera de 3 m.

Fig. 19

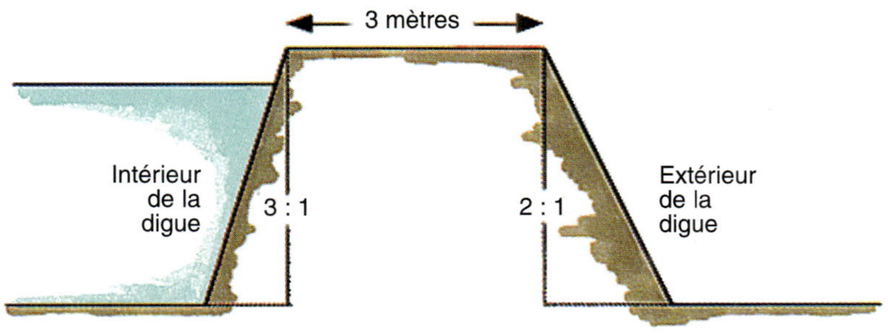

Vue en coupe de la digue

Fig. 20

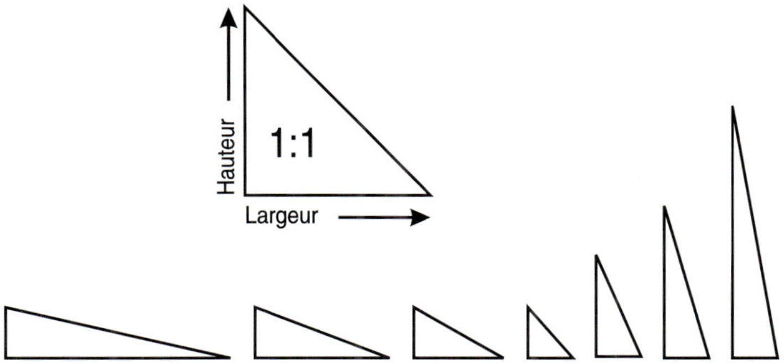

Rapport :	1:5	1:3	1:2	1:1	2:1	3:1	5:1
Degré :	11°	18°	26°	45°	64°	72°	79°
Pourcentage :	20 %	33 %	50 %	100 %	200 %	300 %	500 %

Rapport des pentes

Si le sol de votre terrain est composé de terre argileuse, il faudra en évaluer le potentiel d'étanchéité. Pour ce faire, vous n'avez qu'à procéder au petit test maison qui est expliqué en page 52. L'argile devra être étendue par couches de 15 cm d'épaisseur sur l'ensemble des parois de votre bassin ; un minimum de deux couches est requis pour une bonne étanchéité. Le bulldozer devra ensuite passer à plusieurs reprises pour bien compacter le sol.

Les premiers 120 cm sont particulièrement importants, car ils sont soumis aux intempéries et au gel. La couche supérieure du sol (120 cm) gèle pratiquement tous les hivers, même dans les endroits recouverts de neige. Le gel fait gonfler l'eau contenue dans le sol et, lors du dégel, des fissures se forment. Si, dans ces 120 cm, une couche d'argile bien compactée fait immédiatement suite à une couche de sol arable, on s'expose à l'apparition de fissures, les deux matériaux réagissant différemment au gel. Aussi, on verra à ce que la transition entre les deux types de sol se fasse progressivement pour conserver une certaine homogénéité. On pourra à cet effet utiliser de la bentonite (argile en poudre), que l'on mélangera au sol arable à l'aide d'une bêche.

L'oxygénation du lac

Rendu à ce stade, vous devez façonner les bas-fonds et les hauts-fonds. Pour ce qui est des zones humides, vous vous en préoccuperez lorsque le niveau d'eau sera déterminé. Si vous prévoyez recevoir d'énormes quantités de feuilles à l'automne, il faudra probablement penser à oxygéner le fond du lac à l'aide d'un petit moulin à vent (éolienne) ou un compresseur à air. Le moulin à vent peut oxygéner un lac de 8 000 m^2 à 9 m de profondeur ; il représente une alternative efficace et économique. Cette technique assurera un apport supplémentaire en oxygène pour les micro-organismes, qui en auront bien besoin pour décomposer efficacement toute cette matière organique et conserver le lac propre. Les conduites d'air secondaires, avec leur pierre à air, devraient être installées dans les bas-fonds avant que le bassin s'emplisse.

Une pierre à air de 15 cm de diamètre peut oxygéner 7 m^2 de surface d'eau jusqu'à 5 m de profondeur. Les conduites secondaires peuvent être lestées avec des briques trouées enfilées sur du tuyau flexible de 13 mm de diamètre. Elles devront aboutir sur la berge pour être branchées à la conduite primaire (tuyau flexible de 2 cm de diamètre). Cette dernière sera située complètement à l'extérieur du plan d'eau, pour faciliter le contrôle des soupapes.

Avec une telle installation, la matière organique pourra être décomposée plus rapidement par les micro-organismes, et vous n'aurez pas besoin de vider le lac pour en nettoyer le fond, comme cela se faisait dans le passé.

Fig. 21

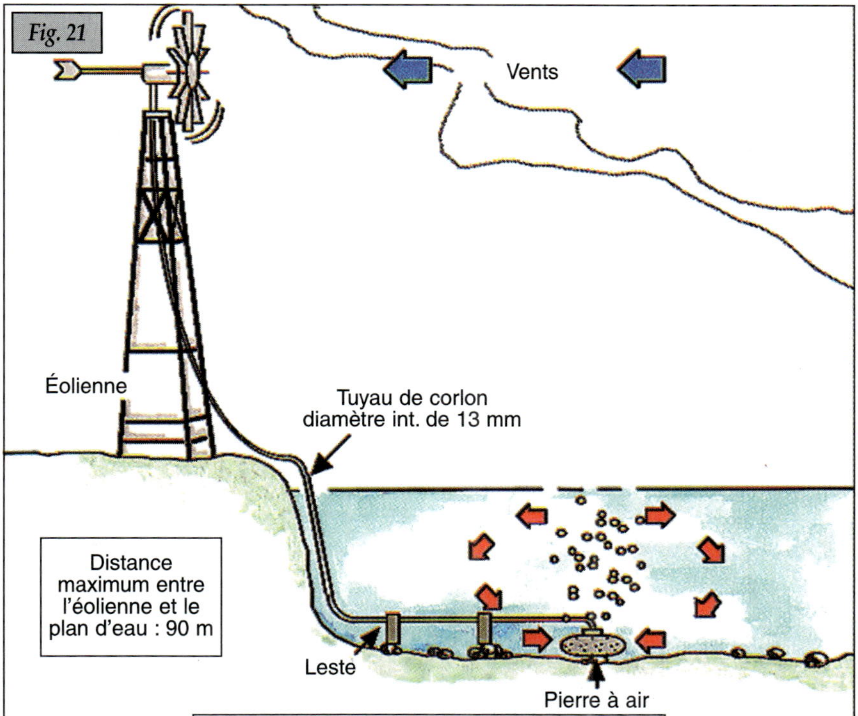

Oxygénation par éolienne

Fig. 22

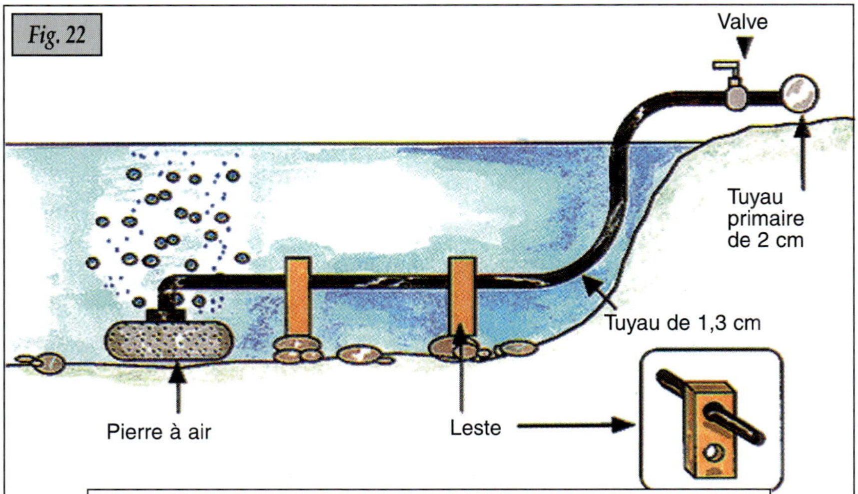

Système d'oxygénation (vue en coupe)

Fig. 23

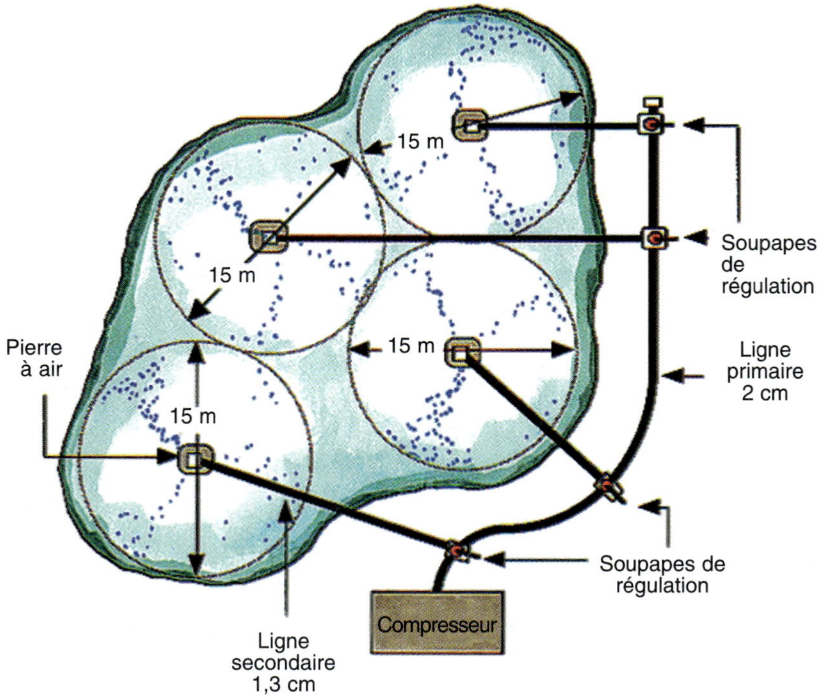

Système d'oxygénation (vue en plan)

Il arrive souvent que l'eau commence à monter avant la fin du creusage, retardant d'autant les travaux. L'entrepreneur vous proposera peut-être d'évacuer cette eau en creusant une canalisation temporaire dans la digue du bassin. Or, c'est souvent de cette façon que les fuites apparaissent. Assurez-vous plutôt de disposer d'une pompe pour vidanger rapidement le trou durant la phase d'excavation ; vous vous éviterez ainsi des frais et des tracas inutiles.

La cascade

Un terrain en pente peut être mis en valeur par l'aménagement d'une cascade ; encore faut-il que la pente soit naturelle. On ne s'acharnera pas à vouloir créer un monticule de terre au milieu d'un terrain plat, car celui-ci aura toujours l'air rapporté. Il sera souvent plus approprié de songer à un ruisseau.

Réalisation : Michel Martel

Pour aménager une cascade, vous devrez utiliser des toiles géosynthétiques afin de réduire les pertes d'eau et l'érosion. Creusez une tranchée sinueuse de quelque 30 cm de profondeur dans la pente choisie. La largeur de la tranchée doit être d'au moins 30 cm supérieure à la largeur requise pour le débit d'eau, ce qui vous permettra de camoufler la membrane qui remonte sur les côtés afin de contenir l'eau.

Tout au long du parcours, aménagez des paliers qui recevront les grosses pierres nécessaires pour obtenir l'effet de cascade désiré. Puis, procédez à la pose des toiles géosynthétiques. On en utilise habituellement trois épaisseurs. La première toile, qui ressemble au feutre des sous-tapis, sert à recouvrir le sol de la tranchée. Elle protège ainsi la géomembrane contre les roches qui peuvent bouger sous l'effet du gel, et qui risqueraient de perforer la géomembrane. C'est un produit très résistant et non toxique. Il ne pourrit pas, il est d'un coût minime et il protégera votre géomembrane à vie.

Réalisation : Guy Lambert (Aquadesign inc.)

Sur le géotextile, on dépose la géomembrane qui assure l'étanchéité de la cascade. Les géomembranes disponibles sur le marché et qui sont les mieux adaptées à ce genre d'ouvrage sont : le PVC fabriqué à base de vinyle, ainsi que l'EPDM, qui est à base de caoutchouc. Une épaisseur de 35 mm est requise pour une cascade devant recevoir des pierres de 25 kg et plus. Plus chères que le géotextile, les géomembranes se détaillent à quelque 12 $ (8€) le mètre carré. On déposera sur cette géomembrane un second géotextile qui la protégera de la friction causée par les pierres, par les assauts répétés de vos pas, des griffes du chien ou des sabots des chevreuils. Il faut tout prévoir, n'est-ce pas ? L'utilisation des trois épaisseurs garantira une excellente longévité à votre cascade.

Les toiles géosynthétiques se posent de bas en haut dans le cas d'une cascade. Déployez les trois épaisseurs à la fois, palier par palier, en y déposant les pierres. Le géotextile peut être découpé en pièces plus petites (un mètre carré) pour faciliter la pose. Quant à la géomembrane de 2 m de largeur ou plus, elle doit être montée d'une seule pièce. Pour plus de commodité, on la déroule progressivement de bas en haut, après avoir bien assis et bordé chaque pierre. Utilisez un niveau pour vous assurer que l'eau sera répartie sur toute la surface.

Les pierres doivent couvrir la largeur totale de la tranchée. Il faudra voir à compacter le sol afin que les toiles géosynthétiques épousent bien chacune d'elles et afin d'éviter qu'une grande quantité d'eau ne se faufile sous la pierre. De cette façon, l'eau prendra le chemin le plus facile et glissera sur le dessus des pierres et non en dessous ou sur les côtés.

Le fort débit d'eau propulsé par la pompe doit être amorti à son arrivée dans la cascade. Un bassin de réception de quelque 40 cm de profondeur suffira à réduire l'effet de bouillonnement ainsi créé. Le bassin de réception peut avoir quelque 60 cm de diamètre ou être aussi grand qu'un petit étang, selon vos goûts et l'espace dont vous disposerez. Si vous préférez donner l'illusion d'une source souterraine, vous n'avez qu'à recouvrir de pierres et de galets le bassin de réception. Dans les plus grands bassins, la quantité d'eau sera assez importante ; elle devra donc être aspirée par la pompe lors des arrêts. Pour éviter l'effet de siphon provoqué par la pompe, perforez le tuyau d'arrivée juste à son entrée dans le bassin pour former une prise d'air.

Fig. 24

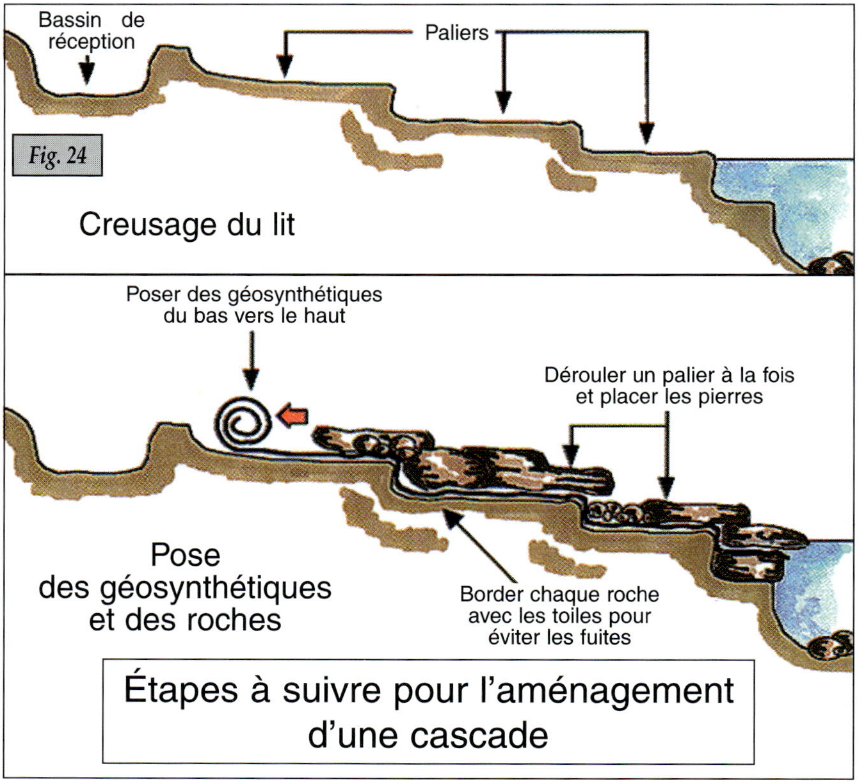

Étapes à suivre pour l'aménagement d'une cascade

Fig. 25

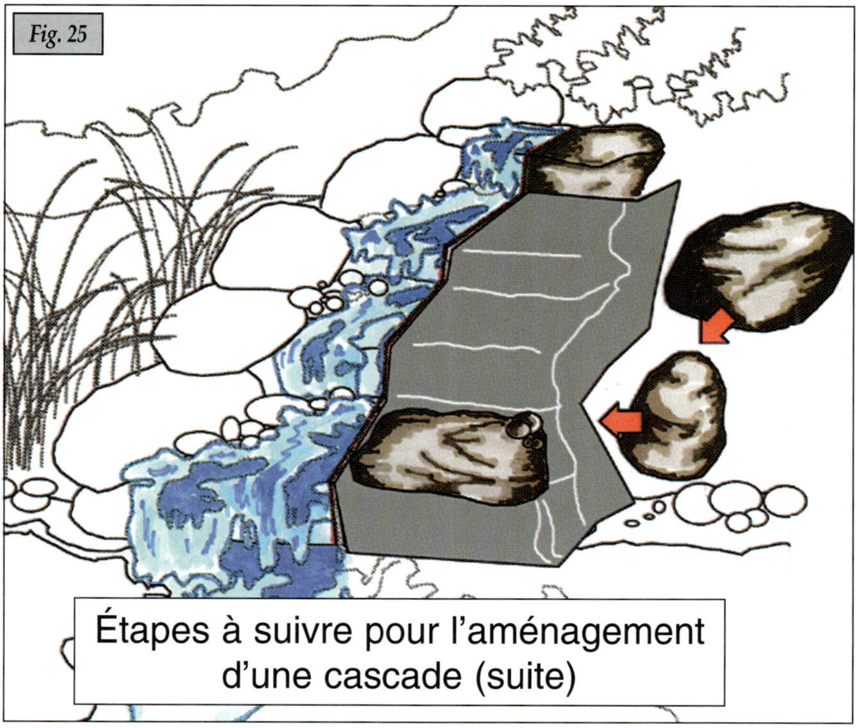

Étapes à suivre pour l'aménagement d'une cascade (suite)

Pour dissimuler les rebords des membranes le long de la tranchée, placez-y des pierres, autour desquelles vous aménagerez des massifs de plantes de milieux humides. À l'aide d'une retaille de géotextile, créez une pochette qui contiendra la terre de plantation afin de la garder intacte dans l'eau vive, puis recouvrez le tout de galets. Calculez que ce camouflage fait de pierres et de plantes occupera 15 cm d'espace de chaque côté de la cascade. Lors du creusage et dans le calcul des toiles, tenez compte de ces 15 cm pour la plantation afin de conserver une belle largeur pour la chute d'eau. Par exemple, pour obtenir une tombée d'eau de 60 cm de largeur, il faut excaver une tranchée d'au moins 90 cm. Une telle cascade végétalisée exigera une géomembrane de 2 m de largeur pour couvrir complètement les côtés et le lit de la tranchée. (Fig. 28, p. 86)

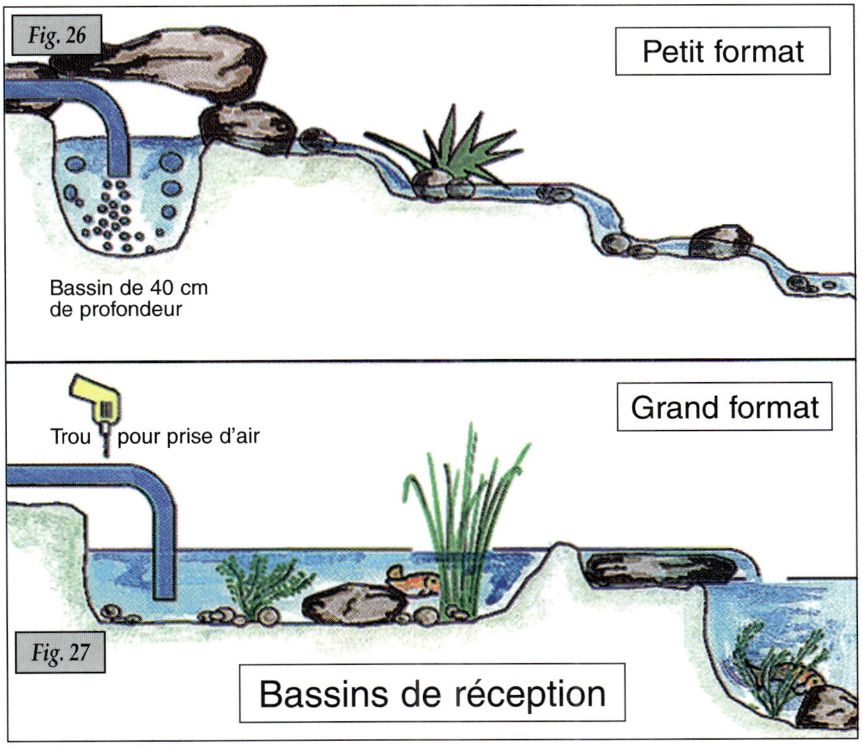

La pompe

Pour vous guider dans le choix de la pompe et en déterminer la puissance, retenez qu'il faut un débit d'environ 5 000 à 6 000 litres d'eau à l'heure au bassin de réception si l'on veut aménager une cascade de 30 cm de largeur. Vous devrez donc tenir compte de la largeur de la cascade désirée, de la hauteur depuis le niveau du lac et de la longueur de tuyau requise. La hauteur entre le sommet de la cascade et le niveau du lac est représentée en *pieds de tête*. Chaque pied de tête supplémentaire exige une plus grande puissance au pompage, et la longueur du tuyau équivaut à un certain nombre de pieds de tête relativement à son diamètre.

Dans les spécifications relatives aux pompes, on indique la capacité de débit en fonction des pieds de tête. Ainsi, vous pourrez choisir l'appareil dont la puissance répond à vos besoins. (Fig. 29, p. 87)

La puissance et le prix ne sont pas les seuls critères. Certaines pompes, peu chères à l'achat et très puissantes, sont conçues pour ne fonctionner que quelques heures par jour. Prenez donc conseil auprès d'un spécialiste qui vous indiquera la pompe la plus adéquate en fonction de l'utilisation que vous comptez en faire.

Pour les débits inférieurs à 20 000 litres d'eau à l'heure, une pompe submersible à fonctionnement continu fera l'affaire. Pour un débit supérieur, il faudra plutôt se tourner vers les pompes sèches, qui sont plus performantes, plus durables et moins énergivores.

Fig. 28

Aménagement de la bordure de la cascade

Si vous utilisez une pompe submersible, prenez soin de la protéger afin d'éviter qu'elle ne se bloque avec des feuilles mortes, du gravier ou de la terre. Une suggestion : placez la pompe dans un seau non perforé ; remplissez ce dernier jusqu'au bord à l'aide de roches suffisamment grosses pour qu'elles ne soient pas aspirées par la pompe. Immergez le tout à 1 m de profondeur en enfonçant la partie inférieure du seau dans le sol pour en assurer la stabilité. Ainsi, l'eau aspirée devra pénétrer par le haut du seau et traverser toutes les roches avant de passer dans la pompe. De cette façon, les solides resteront à la surface du seau et ne risqueront pas d'obstruer la pompe. Dans le cas d'une pompe sèche, plongez l'extrémité du tuyau de succion dans le seau rempli de roches. (Fig. 30, p. 88)

Fig. 29

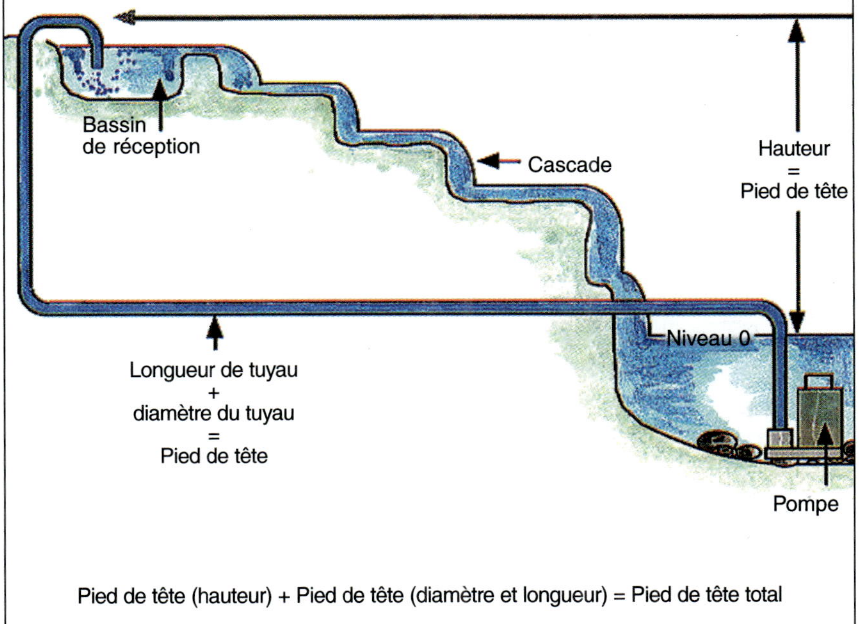

Calcul de la capacité de la pompe

Fig. 30

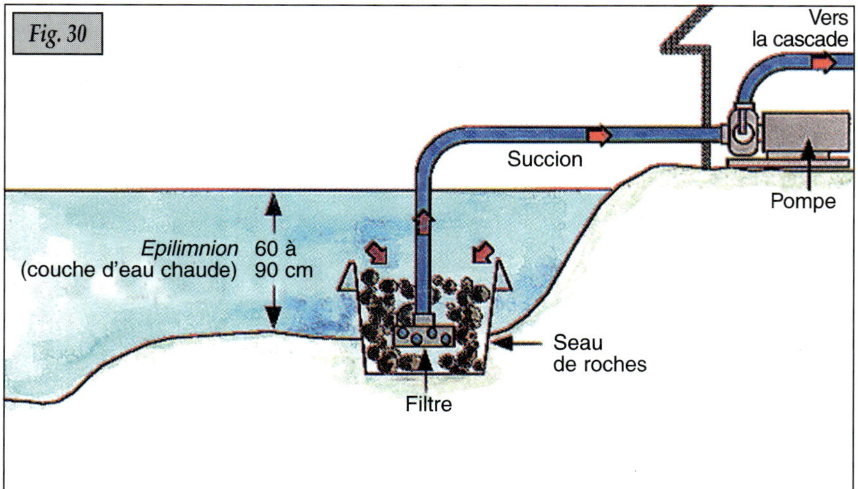

Positionnement de la pompe sèche

Fig. 31

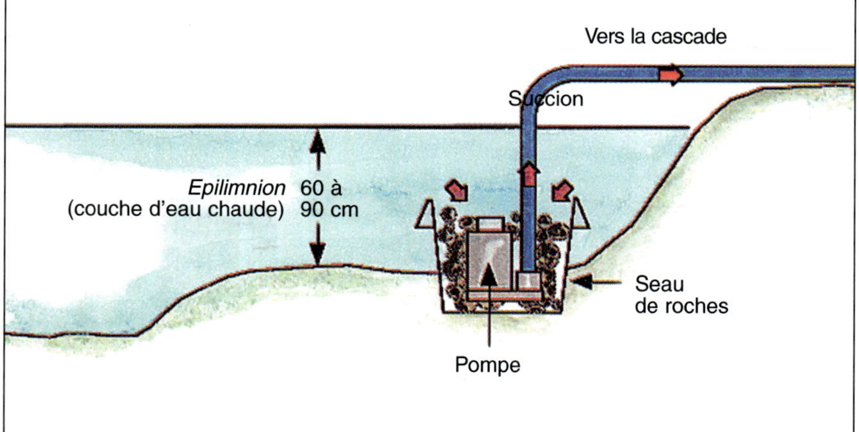

Positionnement de la pompe submersible

Le ruisseau

Un ruisseau est sinueux. Il se compose de paliers multiples ; il s'élargit ou se rétrécit ; il coule sur un lit pierreux ou sablonneux, etc. Son chant varie en fonction de son débit, allant de l'eau tranquille, presque stagnante, à l'eau vive. S'il est bien positionné, le ruisseau pourra être aperçu de l'intérieur de la maison, de sorte qu'on pourra le voir couler pratiquement toute l'année.

Pour être attirant, un ruisseau doit changer d'allure tout au long de son parcours. Les changements peuvent prendre différentes formes, soit :

- Un changement de direction. Pour donner une apparence naturelle aux accidents de parcours, il faut les faire précéder d'un obstacle comme une grosse pierre, un monticule, un arbre, etc. (voir la figure 32).
- Un changement dans le mouvement de l'eau. On peut faire varier le cours de l'eau avec des pierres de différentes grosseurs, des branches de bois mort ou des massifs de plantes.

Fig. 32

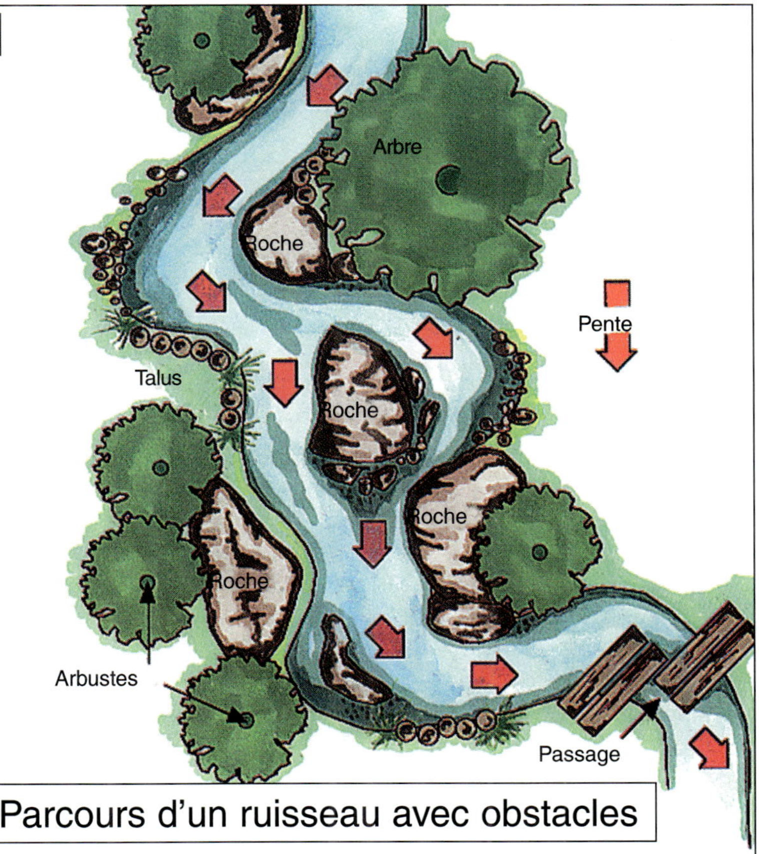

Parcours d'un ruisseau avec obstacles

Si vous réussissez à créer un ruisseau qui a l'air naturel, prévoyez l'aménagement d'un sentier qui deviendra, comme la cascade, un point d'intérêt majeur lors de vos promenades. Le ruisseau peut également agir en tant que trop-plein en cas de débordement du lac ; il sera particulièrement utile lors du dégel et en cas de forte pluie.

Le ruisseau peut également servir à dévier un ruisseau naturel, à retenir l'eau d'une coulée de montagne ou d'une source de surface, renouvelant ainsi l'eau du lac. Si le débit varie selon les saisons ou les précipitations, on aménagera deux lits : un plus profond au centre, et suffisamment étroit pour voir passer l'eau en temps de sécheresse, l'autre plus élevé et plus large pour contenir un plus grand débit lors des coups d'eau.

Fig. 33

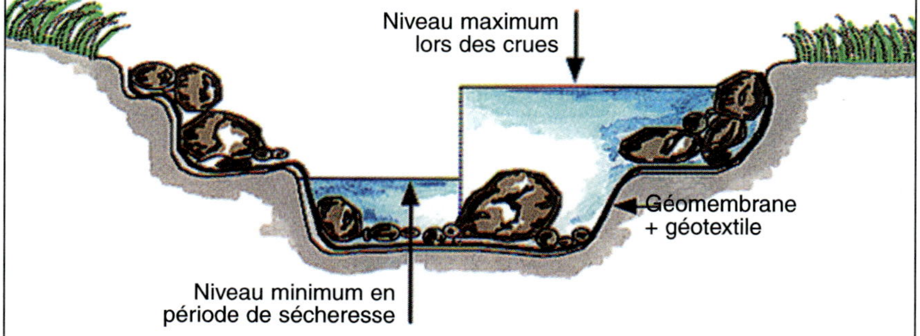

Ruisseau à deux débits

On peut enfin aménager un ruisseau pour le simple plaisir, comme nous l'avons fait pour la cascade, en faisant recirculer l'eau à l'aide d'une pompe placée dans le lac.

Comme pour la cascade, utilisez des toiles géosynthétiques recouvertes de pierres et de galets pour former le ruisseau. Si le travail se fait dans le prolongement ou dans une déviation d'un ruisseau naturel, faites une clé d'ancrage au point de captage afin de bien fixer les toiles géosynthétiques. Pour ce faire, il suffit de creuser une tranchée de quelque 30 cm de profondeur en travers du lit du ruisseau. On y dépose ensuite les trois épaisseurs de géosynthétique et on recouvre ce fossé de pierres (voir la figure 34). Assurez-vous que les pierres choisies aient une taille suffisante pour résister au courant maximum que le ruisseau devra contenir. (Fig. 34, p. 91)

Ph. 18

Michel Martel

Fig. 34

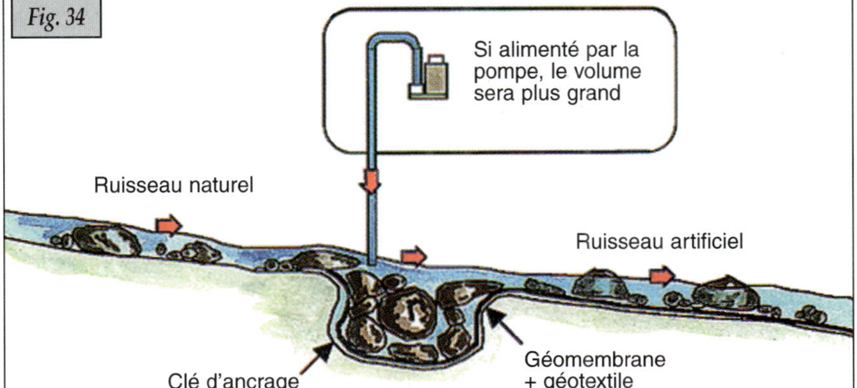

Clé d'ancrage

Ph. 19

Olivier Leclerc :Jardin Magnolia

Quant à l'aménagement des rives, laissez-vous inspirer par la nature et la végétation déjà en place ; ce sont vos meilleurs guides. C'est d'ailleurs ce que font les professionnels les plus « branchés ».

La fontaine

Dans un lac de plus de 50 m de largeur, le jet de fontaine, pour être intéressant sur le plan visuel et sonore, doit atteindre au moins 3 m de hauteur, et parfois même jusqu'à 8 m. Les têtes de fontaine à grand débit sont généralement fabriquées en bronze et se présentent sous diverses formes pour offrir toute une variété de jeux d'eau. Par exemple, le système « queue de paon », vous donnera un jet d'eau en éventail ; le « château » étagera les jets du plus petit au plus grand ; quant au « geyser », il s'agit d'un jet unique qui monte en colonne tumultueuse.

Plus les particules d'eau produites par le jet sont fines, plus elles sont susceptibles d'être transportées par le vent et plus le jet sera déformé. En outre, ces particules prennent des effets irisés sous l'effet du soleil, comme des arcs-en-ciel. Ce système convient peu aux endroits exposés au vent, car il ne permet de voir les jets que très rarement dans leur forme originale.

Ph. 21

La tête de fontaine doit être positionnée près de la surface de l'eau, à une hauteur précise désignée par le fabricant. Si le niveau d'eau augmente ou diminue de quelques centimètres, le jet se déforme. Dans les bassins intérieurs comme ceux que l'on retrouve dans les espaces commerciaux, le niveau d'eau est stabilisé à l'aide d'une soupape de remplissage automatique.

Dans les lacs de quelques mètres et plus de profondeur situés en pleine nature, le niveau d'eau varie sensiblement selon l'alternance pluie/séche-resse. La fontaine peut être installée sur une base flottante afin qu'elle suive les variations de niveau. Vous trouverez sur le marché des systèmes calibrés et montés sur flotteur pour 5 000 $ (3.300 €) et plus, selon les jets. Si vous le fabriquez vous-même, il vous en coûtera environ 1 000 $ (666€). (Fig. 35-36, p. 94)

Le flotteur peut être constitué d'un tuyau d'ABS supporté par une base en polystyrène, et le tout sera ancré dans le fond du lac pour résister aux vents et aux vagues. Un conduit semi-flexible reliera la fontaine à la pompe submersible jusqu'au rivage, où elle sera arrimée à une boîte de contrôle. Si les têtes de fontaine ne sont pas affectées par les changements de niveau d'eau, elles peuvent être installées sur un support fixe au fond du lac. (Fig. 37-38, p. 95)

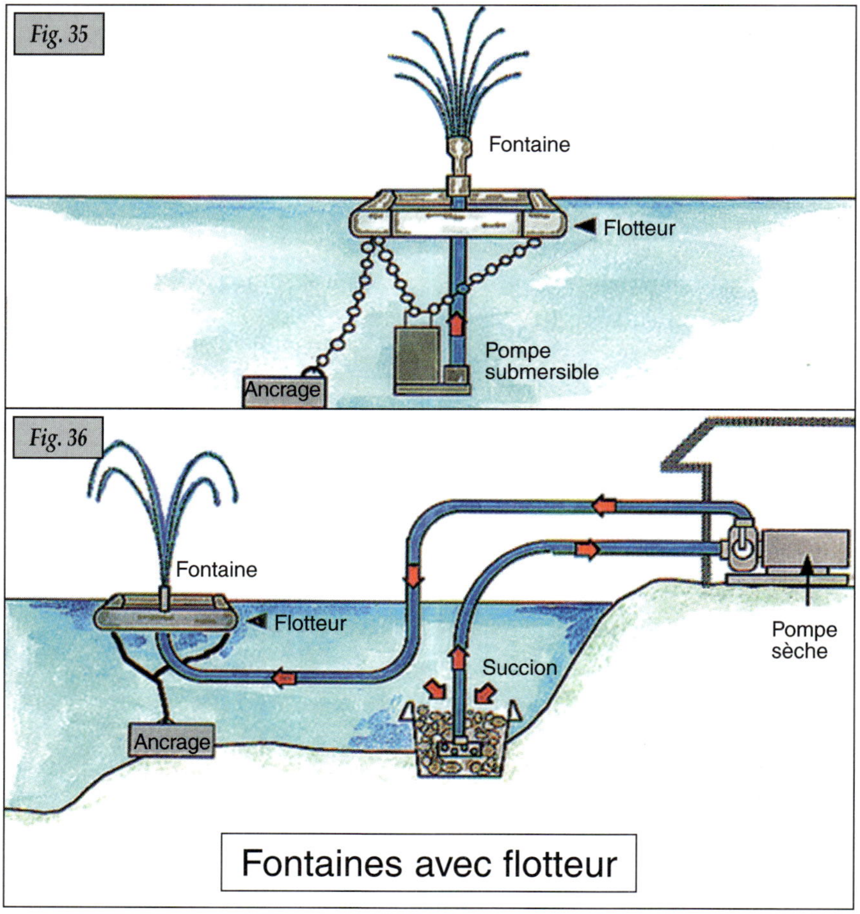

Fontaines avec flotteur

Le marais filtrant artificiel

Le marais filtrant est surtout utilisé pour épurer les eaux de ruissellement ou l'eau provenant d'un affluent comme un ruisseau, un fossé ou un autre lac ; il est également fort utile dans le cas d'un lac stagnant, pour réduire la multiplication des algues.

Un marais filtrant artificiel est composé d'un bassin de 30 cm de profondeur à l'entrée jusqu'à 90 cm à la sortie, selon sa longueur. Le fond du marais doit être en pente (5°) afin que la force de gravité assure une bonne circulation de l'eau.

Pour aménager ce marais, on dépose dans la fosse une géomembrane recouverte d'un géotextile. On place ensuite une couche de pierres concassées à granulométrie de 2 cm de diamètre sur les toiles géosynthétiques. Cette couche inférieure variera en épaisseur, allant de 15 cm à

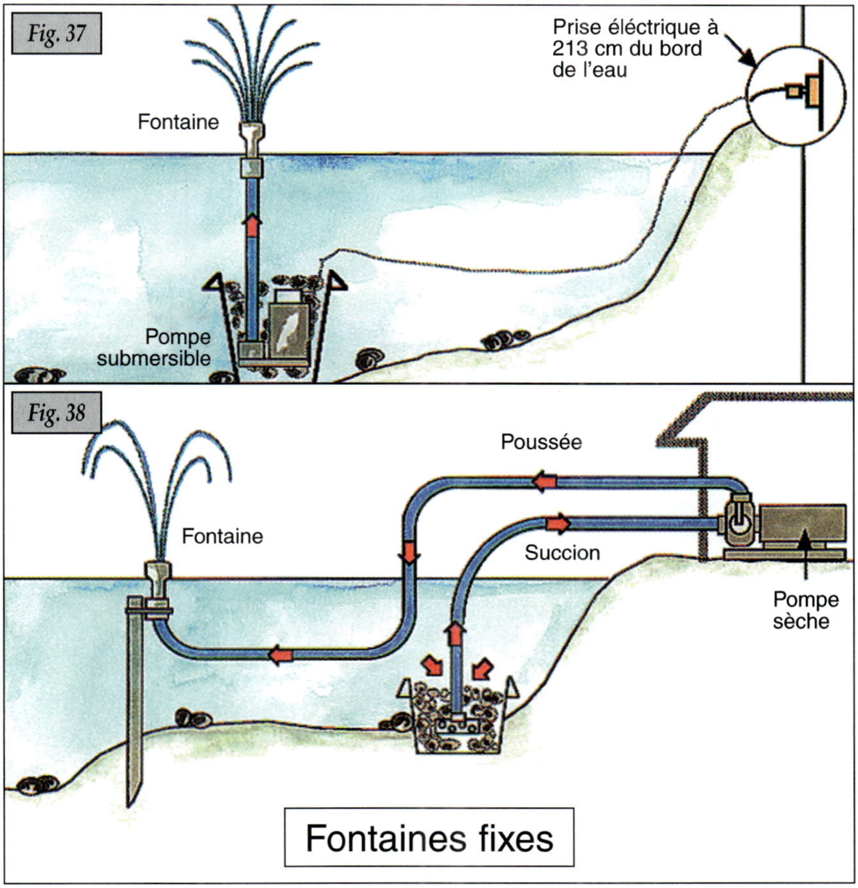

Fontaines fixes

l'entrée du système jusqu'à 75 cm à la sortie. Finalement, on étend sur la pierre une couche de terre sablonneuse de 15 cm d'épaisseur, et ce, sur toute la surface du marais. Afin de garder les couches homogènes, celles-ci doivent être séparées soit par un fin grillage, comme de la moustiquaire de nylon, soit par un tissu fibreux, comme de la jute. (Fig. 39, p. 96)

Dans le but de fixer le phosphore, en grande partie responsable de la prolifération des algues, on ajoutera un agent déphosphatant à la terre sablonneuse. Le phosphore se précipite et devient insoluble dans l'eau. Des végétaux de lieux humides, tels les scirpes, les sagittaires, les carex, les butomes, les iris aquatiques et autres, y seront plantés à une densité de 7 à 10 plants au mètre carré.

Dans ce substrat pauvre en matières nutritives, les racines des plantes vont traverser le grillage et s'établir dans le gravier. Grâce à la pente aménagée dans le fond du marais, l'eau chargée en matières azotées et

Fig. 39

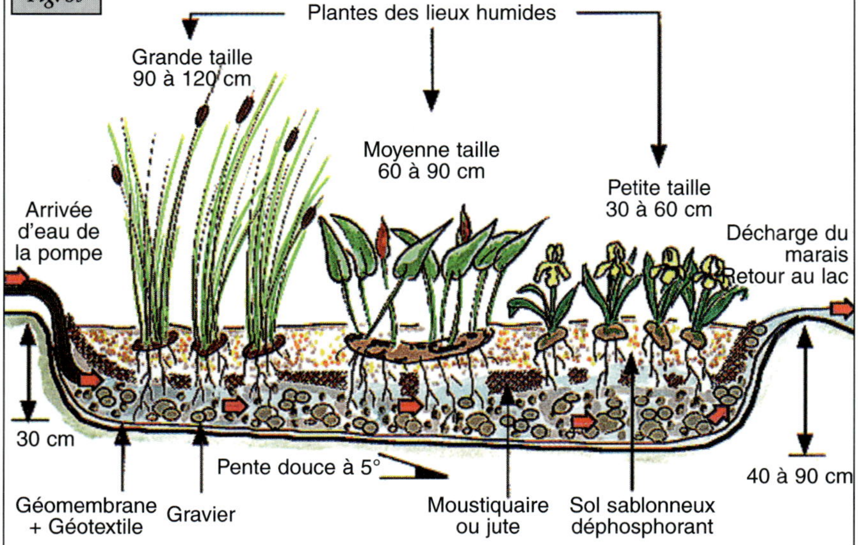

Marais filtrant (vue en coupe)

Fig. 40

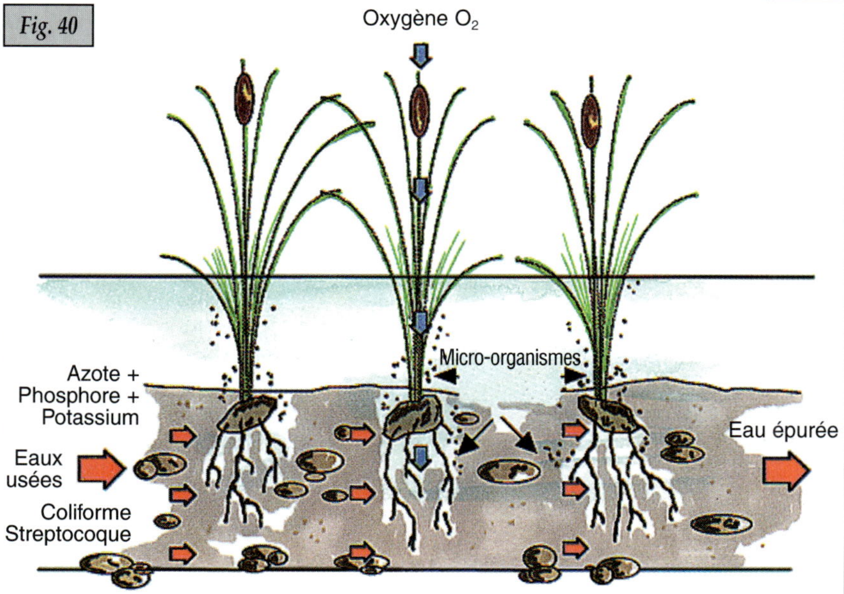

Oxygénation par les plantes

phosphorées pourra circuler directement dans les racines et nourrir les plantes, comme en hydroponie. Celles-ci utiliseront les sels minéraux pour leur croissance et, par les aérenchymes qu'elles possèdent, elles amèneront l'oxygène de l'air autour de leurs racines, oxygénant par le fait même la flore bactérienne qui y loge. (Fig. 40, p. 96)

Les bactéries fractionnent les molécules toxiques en éléments assimilables pour les plantes ou pour elles-mêmes ; l'eau qui en ressort est ainsi épurée. C'est le système d'épuration le plus écologique et le plus économique qui soit pour contrer la pollution agricole, domestique et même industrielle. Il ne perd pas de son efficacité avec les années et ne requiert aucun entretien. C'est le rôle que jouent les marais dans la nature.

Un marais dont la surface équivaut à 5 % de celle du plan d'eau à traiter suffit habituellement pour empêcher la multiplication des algues et réduire même de manière significative le taux de coliformes.

Le marais doit se situer à l'une des extrémités du lac, et la pompe qui l'alimente, à l'extrémité opposée. Ainsi, toute l'eau pourra être traitée de façon continue par le marais filtrant. Cette pompe submersible à faible débit acheminera l'eau vers le fond du marais à l'aide d'un tuyau flexible qui sera enfoui sous 15 cm de sol. Pour limiter la prolifération des mauvaises herbes dans le marais, il faudra y maintenir un niveau d'eau de 10 cm supérieur à celui du sol. La décharge du marais vers le lac se fait par gravité en transitant par un petit ruisseau de surface. (Fig. 41, p. 98)

L'aménagement d'un marais filtrant se fera différemment selon qu'il s'agit d'un affluent ou d'un effluent. Dans le cas d'un affluent, fossé ou ruisseau, on en élargit le lit à son point d'arrivée au lac. On plante ensuite les végétaux en colonies, comme dans un marais naturel. Pour s'assurer que l'eau se répandra sur toute la surface, on disposera quelques grosses pierres qui l'obligeront à se diviser.

Si vous disposez de suffisamment d'espace, vous pouvez aménager le marais en lagunage. Prolongez alors le parcours du fossé en adoptant une forme sinueuse et mettez-y le substrat filtrant et les plantes par colonies successives. Pour obtenir une efficacité maximum, quelle que soit la technique retenue, il est essentiel d'utiliser des toiles géosynthétiques, du grillage, des couches de sol et de gravier et des plantes. (Fig. 42, p. 98)

Fig. 41

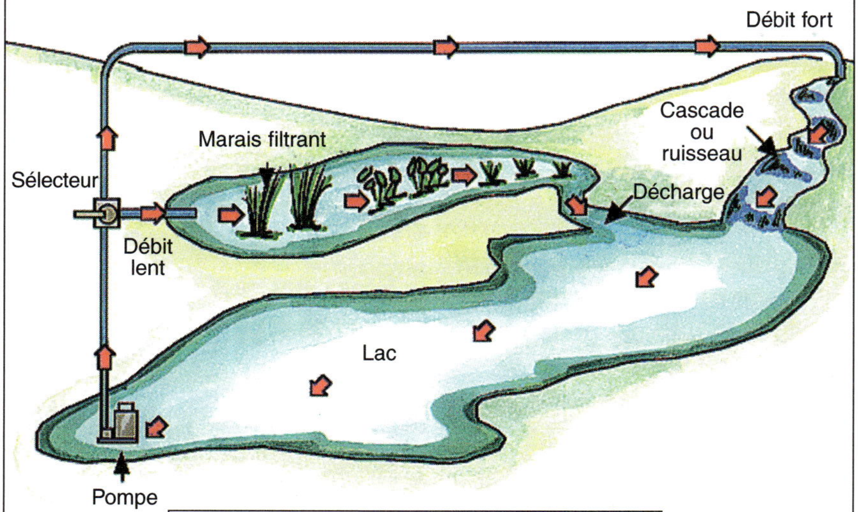

Marais filtrant (vue en plan)

Fig. 42

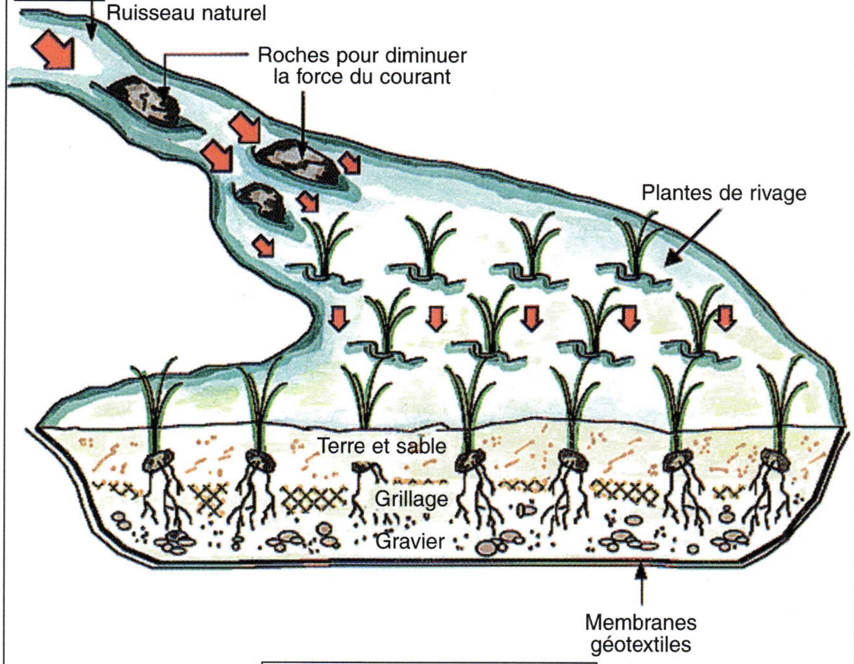

Marais de surface

Le choix des plantes du marais se fait en fonction des polluants à éliminer. Certaines plantes sont reconnues pour leur efficacité dans des cas très précis de contamination de source animale ou humaine, comme les coliformes. Par exemple, le *phragmite sp.* sécrète par sa racine un exudat qui, à la manière d'un antibiotique, élimine jusqu'à 95 % des streptocoques et des coliformes fécaux. Le *typha sp.* (quenouille) et le *scirpus sp.* (jonc) ont la même réputation. Quant à l'*iris versicolore* (iris des marais), il exerce son action dépolluante en accumulant dans ses tissus des métaux lourds tels que le mercure et le plomb. Pour vous guider dans votre choix, référez-vous au tableau relatif au potentiel lacustre des plantes, que vous trouverez en annexe.

Utilisez la plus grande variété de plantes possible afin de créer un filtre vraiment efficace. Pour éviter que les sédiments ne viennent colmater le gravier à l'entrée du marais, plantez à cet endroit des variétés de grande taille telle que le *typha sp.*, le *scirpus sp.*, l'*acorus sp.*, etc. Leurs longues racines réduisent la compaction du sol. Retenez que si vous utilisez le *typha* dans le marais, il faudra couper les fleurs à l'automne avant que les semences ne se répandent autour du lac.

Chapitre 5

LA QUALITÉ DE L'EAU

La qualité de l'eau est tributaire de divers facteurs environnementaux, comme la faune, la flore, la température, l'effluent et l'affluent. Comme nous l'avons déjà mentionné, une eau cristalline n'est pas le seul indice de qualité. Pensons à l'eau des piscines qui, sous son apparence de limpidité, est un véritable bouillon chimique totalement impropre à la consommation.

La couleur de l'eau nous permet d'identifier certains problèmes et d'y apporter des solutions. Dans certains cas cependant, il faudra pousser plus loin l'investigation et procéder à des analyses.

L'analyse physico-chimique permettra de connaître le pH de l'eau ainsi que la nature des substances chimiques en suspension : nitrites, ammoniaque, etc. Ce type d'analyse est incontournable lorsqu'on se propose de faire l'élevage des poissons ou lorsque l'eau du lac sert à abreuver les animaux d'élevage.

L'analyse bactériologique établit la salubrité de l'eau en identifiant les bactéries pathogènes qu'elle contient, comme les coliformes et les streptocoques. Pour moins de 50 $ (33 €), on peut faire analyser l'eau destinée à la baignade.

Certaines analyses peuvent s'avérer coûteuses, et elles ne sont pas toujours nécessaires. Par exemple, si votre lac est isolé des sources de pollution, fiez-vous à la couleur de l'eau pour établir un diagnostic et apporter les solutions appropriées.

L'eau brunâtre

L'eau brunâtre indique la présence de particules de terre en suspension dans la colonne d'eau. Il n'y a pas là de quoi s'inquiéter ; ce n'est pas un indice de pollution, et il n'est pas urgent d'agir. À la longue, toutefois, cela affectera la qualité de la lumière dont les plantes submergées et les organismes vivants ont besoin pour croître. L'eau turbide peut aussi irriter les branchies des poissons et gêner leur respiration. Il est donc important de prendre le temps d'identifier la source du problème si l'on veut agir le plus efficacement possible. Les paragraphes qui suivent vous donnent différentes pistes à ce sujet.

• Les eaux pluviales

À la suite de fortes pluies, l'érosion des berges peut brouiller l'eau. Pour éviter ce genre de désagrément, on fera dévier ce surplus d'eau en utilisant un drain de surface. Creusez une rigole que vous recouvrirez de gravier ou utilisez un drain agricole.

S'il vous est impossible de faire dévier l'eau de cette façon, vous pourrez aménager une plate-bande filtrante en bordure du lac, c'est-à-dire une sorte de fossé d'environ 30 cm de profondeur. La largeur sera déterminée par la longueur de la pente à drainer (60 cm et plus). Le fond sera tapissé de galets

Fig. 43

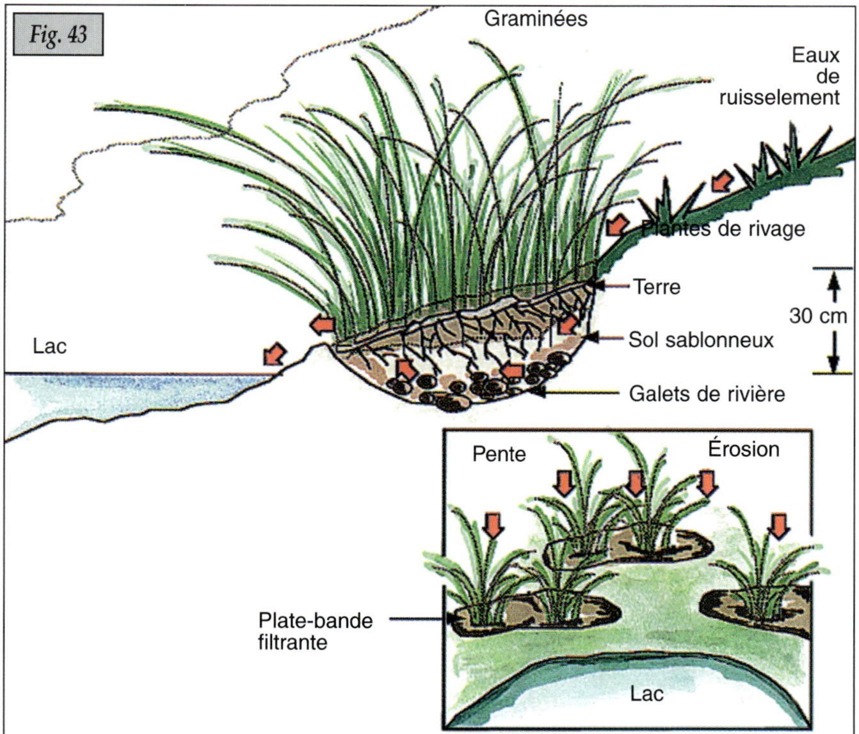

Plate-bande filtrante

de rivière, de sable grossier et d'un peu de terre pour faciliter l'enracinement des plantes telles que le *phalaris sp.* et l'*elymus sp.*, deux graminées qui se caractérisent par un réseau très dense de racines.

Lors de fortes pluies, l'eau remplira la plate-bande de drainage, et celle-ci captera les particules de terre qui s'y déposeront, laissant ainsi passer une eau claire. Les racines vont empêcher le filtre de se boucher avec les années et assureront ainsi un bon fonctionnement sans nécessiter d'entretien.

Il vous faudra calculer un plant de graminée aux 30 cm. Ces graminées poussent avec une telle densité que les mauvaises herbes ne peuvent s'établir dans le même espace. Elles sont élégantes et leur hauteur, qui ne dépasse pas les 60 cm, permet l'accès visuel au plan d'eau.

- **Les eaux d'affluent**

Divers éléments peuvent transporter des particules de terre dans votre lac : un fossé qui draine les terres avoisinantes, une route, un ruisseau de montagne. Si c'est le cas, pour vérifier, remplissez un verre de cette eau. Si, en l'exposant à la lumière, l'eau vous apparaît un tant soit peu brouillée, il n'est pas étonnant que sur une profondeur de quelques mètres, elle semble extrêmement brouillée.

Pour remédier à ce type de problème, il faudra creuser une petite fosse de décantation de quelque 2 m de profondeur dans le lit même de l'affluent et à un endroit facile d'accès, pour pouvoir nettoyer la fosse si nécessaire. Puis, on créera un marais filtrant artificiel entre le lieu d'arrivée de l'affluent et le lac. Comme pour la plate-bande filtrante, on excavera environ 45 cm de profondeur sur une largeur de quelques mètres et plus (habituellement 100 m^2). Le trou ainsi creusé sera rempli de galets et de terre sablonneuse. On procède ensuite à la plantation de végétaux des lieux humides, tels que les *scirpus sp.*, les *carex sp.*, les *sagittaria sp.* et les *juncus sp.*, à une densité de 10 plants au m^2. En fait, on élargira le ruisseau ou le fossé à son lieu d'arrivée au lac et on en fera un filtre avec plantes et gravier.

Il faut éviter l'utilisation de floculant (alun, foin ou autre) qui entraîne les particules de terre vers le fond, car vous créeriez ainsi d'autres problèmes. Ces éléments peuvent, par exemple, obstruer les branchies des poissons. Par ailleurs, le foin, en se décomposant, dégage des enzymes qui captent les particules d'argile, ce qui, par le fait même, augmente la quantité de sédiments au fond du lac.

• **La faune**

Elle peut être responsable de l'eau brouillée. Les canards barboteurs aiment bien fouiller dans le benthos ou déraciner les plantes pour s'en nourrir. Quant aux canards domestiques qui entrent et sortent constamment de l'eau, ils transforment rapidement la berge en une mare de boue. Le rat musqué, pour sa part, s'adonne au creusage de tunnels à environ 15 cm sous la surface de la berge. Aussi, si votre eau se salit soudainement, il est fort possible que ces hôtes en soient la cause.

Les poissons font aussi leur part. Les carpes se nourrissent à même le benthos, qu'elles soulèvent joyeusement. Les truites se réfugient dans les bas-fonds lorsque la température se réchauffe et elles soulèvent, elles aussi, la couche de fond en nageant.

Si vous choisissez d'attirer les canards et de tolérer les rats musqués, mais que vous désiriez en minimiser l'impact négatif, créez un enclos pour les canards et posez des pierres ou un grillage à 15 cm sous la surface dans la zone que vous souhaitez rendre inaccessible aux rats musqués. Enfin, pour éviter que les poissons ne soulèvent la couche de sédiments, voyez à ce que celle-ci ne devienne pas trop épaisse.

La bio-augmentation est la méthode la plus écologique, la plus économique et la plus facile à utiliser. Il s'agit d'ensemencer des bactéries qui transformeront les sédiments en gaz et en eau. Certes, votre lac abrite déjà une flore bactérienne indigène, mais il arrive souvent, même dans un lac naturel, que les souches bactériennes essentielles à la décomposition des sédiments ne soient pas toutes présentes.

On trouve sur le marché des bactéries épuratrices qui ont été reproduites par division cellulaire. Ces souches bactériennes d'origine naturelle vont digérer les matières organiques accumulées dans le fond, sans laisser de résidus. On peut ainsi, dans une même saison, faire disparaître plus de 15 cm de sédiments organiques sans faire subir de dommages à la faune et à la flore existantes. Précisons que les bactéries digèrent la matière organique (nourriture à poissons, résidus de feuilles mortes, plantes en décomposition, etc.) et non la matière inorganique comme l'argile et le sable.

L'eau noire

L'eau noire occasionnelle indique la présence dans le lac de terre noire charriée par les effluents ou l'affluent. Cette situation se remarque surtout au printemps lorsque le débit est à son plus fort et que les cours d'eau sont gonflés. La fosse de décantation creusée à l'entrée du lac reste la meilleure solution pour capter ces sédiments. Dans certains cas, une algue microscopique d'un vert très foncé peut donner à l'eau cette apparence noire. On rencontre cette situation dans les réservoirs d'eau usée. Seul le marais filtrant peut alors traiter cette eau de façon naturelle.

Si votre eau a en permanence une teinte brun foncé ou noire, cela indique la présence de minéraux comme le fer ou une grande quantité de feuilles en décomposition. La présence de ces feuilles peut se révéler toxique pour les poissons. S'il vous est possible de faire circuler de l'eau nouvelle, faites-le ; sinon, il vous faudra trouver un moyen de minimiser l'impact que représente la chute des feuilles à l'automne. Il s'agit là d'un problème fréquent qui résulte d'un oubli lors de la conception du plan d'eau. Généralement, on peut y remédier aisément.

Fig. 44

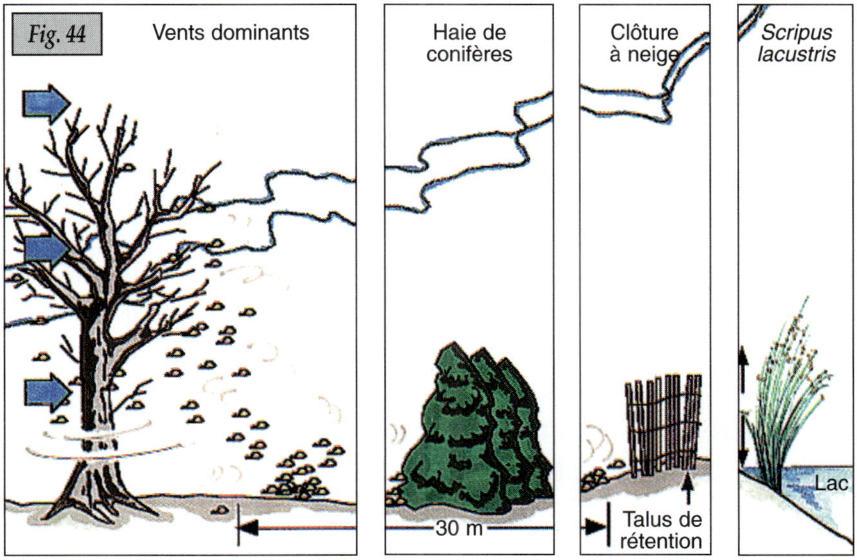

Contrôle des feuilles mortes

Premièrement, observez quel côté du lac est le plus affecté par la chute des feuilles. C'est probablement le côté où soufflent les vents dominants. Si l'espace le permet, établissez sur la berge une barrière végétale où viendront s'accumuler les feuilles, qu'il faudra ensuite ramasser le plus rapidement possible. Cette barrière végétale sera constituée de conifères dont les branches inférieures toucheront le sol. Vous pourrez planter des *scirpus lacustris* ou encore avoir recours à une clôture à neige.

Si aucune de ces solutions ne convient à votre site, vous serez dans l'obligation d'abattre certains feuillus ou d'ensemencer votre lac de bactéries épuratrices tout au long de la saison. L'ajout d'un marais filtrant pourra aussi faire partie des éléments de solution.

Dans toute situation problématique, il est important d'intervenir avant qu'il ne soit trop tard, surtout si le plan d'eau couvre moins de 100 m de diamètre. Dans un volume d'eau restreint, les bactéries ne peuvent pas, à elles seules, venir à bout d'une sédimentation abondante due à la chute d'une grande quantité de feuilles. Il faudra injecter de l'air par le fond avec un compresseur ou une éolienne afin d'oxygéner la flore bactérienne pour la rendre plus active. Sinon, le lac se sédimentera rapidement et, au bout de quelques années, les algues prendront le dessus ; la situation sera alors devenue quasi incontrôlable. En bref, vous avez trois options : éliminer les feuilles mortes, utiliser des bactéries avec un système d'oxygénation ou créer un marais filtrant.

L'eau blanchâtre

Généralement, cette coloration est due à des moisissures causées par un animal en décomposition dans l'eau (poisson, batracien ou autre). À l'aide d'une épuisette, il faut retirer l'animal mort afin de limiter la contamination et éviter de nuire à la santé des alevins. Une eau blanchâtre ou laiteuse peut être aussi l'indice d'un taux trop élevé d'ammoniaque ou d'un excès de nourriture à poissons. Elle se remarque en eau peu profonde, comme dans une baie où l'eau stagne, et surtout au printemps, lors de la fonte des glaces. C'est à cette saison que l'on découvre des grenouilles et des poissons qui sont morts durant l'hiver.

Les grenouilles hibernent en s'enfouissant dans la vase. Un lac ou un étang bien aménagé offre habituellement un bon abris aux batraciens pendant la saison froide. Il est donc rare de retrouver de ces animaux morts au printemps. Si le taux de mortalité des poissons est élevé, il faudra en trouver la cause. Cela peut s'expliquer par la présence d'une trop grande quantité de feuilles mortes ou par un surplus de plantes aquatiques en décomposition. Ces deux phénomènes réduisent le taux d'oxygène et rendent le milieu asphyxiant pour les poissons.

Un hiver rude peut également influer sur la survie des poissons. Si ces derniers ont conservé leurs couleurs, on peut soupçonner qu'ils sont restés prisonniers des glaces lors d'un redoux. Si, au contraire, ils les ont perdues, c'est qu'ils sont morts d'asphyxie ou d'une maladie quelconque.

Généralement, à 60 cm de profondeur, la température de l'eau se maintient à 2° C et elle ne gèle pas. L'épaisseur de la glace peut aussi varier selon la quantité de neige qui la recouvre. Il faut comprendre que même si un plan d'eau peu profond ne gèle pas intégralement, il emprisonne tout de même hermétiquement les gaz résultant de la décomposition de la matière organique. Si cette dernière est trop abondante, le taux d'oxygène sera réduit, compromettant ainsi la survie des poissons.

Pour remédier à ce problème, on peut injecter de l'air dans le fond à l'aide d'une pompe, d'une éolienne ou d'un élément chauffant en s'assurant qu'il y ait toujours une ouverture dans la glace pour favoriser les échanges gazeux. Il faut surtout éviter de briser la glace en la frappant avec un objet comme un pic à glace, une hache, etc., car l'onde de choc ainsi produite peut tuer les poissons comme le ferait une explosion pour un plus grand lac.

L'eau verte

L'eau verte ou les mousses vertes indiquent une prolifération d'algues. Cela peut paraître inquiétant à première vue, mais rassurez-vous, ce n'est pas toxique. Les algues sont des plantes unicellulaires microscopiques qui se nourrissent des éléments contenus dans la colonne d'eau. Or, si l'eau contient trop de matières azotées et phosphorées, les algues vont se développer jusqu'à donner une coloration verte à l'eau, ou former de petits « nuages » verts flottant en surface. Que l'eau contienne des algues est un phénomène naturel. Si celles-ci prolifèrent au point de donner une coloration verte à l'eau, il y a lieu d'intervenir, mais en douceur. Il est possible de gérer cette situation sans faire appel aux algicides.

Voyons les causes de ce problème et les solutions à apporter.

• L'azote

La partie supérieure des brins d'herbe fraîchement tondus est bourrée d'azote, car les pelouses sont souvent traitées avec de l'urée (azote liquide), qui rend le gazon vert. Les lacs des lieux de villégiature et les étangs des terrains de golf sont victimes des vertes pelouses dont les brindilles se retrouvent à l'eau et nourrissent les algues. De plus, le vent et le lessivage des pentes ont pour effet d'entraîner dans l'eau le surplus d'herbes coupées et les résidus d'engrais.

On peut, sans tout refaire, améliorer la situation par quelques interventions simples et peu coûteuses. Comme nous l'avons vu précédemment (p. 104), une plate-bande filtrante peut être aménagée près de la rive du lac la plus affectée. On y plante soit des herbacées de grande taille comme l'*elymus sp.* ou le *phalaris sp.*, ou encore des arbustes riverains, comme le *salix sp.* et le *myrica sp*. Ce type de végétation servira de zone tampon entre le terrain et le milieu aquatique. Si le terrain de vos voisins représente aussi une source de nourriture pour les algues de votre lac, vous pouvez leur suggérer de travailler dans le même sens que vous, c'est-à-dire en aménageant une zone tampon en bordure du lac. Si vous réussissez à les convaincre, vous verrez rapidement une amélioration de la qualité de l'eau.

• Les fertilisants

Ils sont essentiellement composés d'azote (N), de phosphore (P) et de potassium (K). On les utilise, évidemment, pour fertiliser les pelouses et les plantes de nos parterres, mais ils sont tout aussi capables de nourrir les algues si le vent ou la pluie les transporte dans l'eau. Ainsi en est-il des fumiers et des composts agricoles qui descendent les pentes et sont emportés par les fossés et les ruisseaux.

Assurez-vous de bien contrôler la qualité de l'eau de tous les affluents et effluents du lac, et procédez à l'aménagement de marais ou de plates-bandes filtrantes à plus d'un endroit si nécessaire. La gestion des eaux usées domestiques est tout aussi importante. Attention donc aux champs d'épuration qui pourraient contaminer votre plan d'eau.

Il peut arriver, exceptionnellement, que des plantes aquatiques en trop grande quantité contribuent à créer cet effet de surfertilisation. Quand la sève retourne aux racines, à l'automne, les plantes libèrent dans l'eau le phosphore qu'elles ont accumulé dans leurs tissus durant l'été. À cette période de l'année, l'eau froide retardera l'apparition des algues. Toutefois, au début du printemps, alors que les plantes ne sont pas encore actives, les algues assimilent le phosphore en suspension dans l'eau et commencent à croître.

Pour contrer leur prolifération, il faut renoncer à utiliser des fertilisants chimiques conçus pour les plantes aquatiques. On se tournera plutôt vers les bactéries dès la fonte des glaces. Ces dernières vont assimiler le phosphore disponible et rééquilibrer l'eau.

- **Le réchauffement de l'eau**

Lorsque l'eau se réchauffe, elle s'évapore dans l'atmosphère, mais les sels minéraux qu'elle contient ne s'évaporent pas et demeurent présents dans le milieu aquatique. C'est ce qu'on appelle le phénomène de la surminéralisation. L'eau de pluie et l'eau des sources compensent la perte due à l'évaporation, mais ce nouvel apport a déjà une charge en sels minéraux. Durant la canicule et en milieu stagnant, celle-ci devient plus concentrée et, du même coup, il y a augmentation de la nourriture pour les algues.

L'eau est plus chaude à cette période de l'été, et donc moins oxygénée. Par conséquent, le travail des micro-organismes généralement en compétition avec les algues pour se nourrir est au ralenti. De plus, le pH de l'eau augmente souvent dans les plans d'eau de petite dimension, et les bactéries sont inefficaces lorsque celui-ci est supérieur à 9,3. Les algues prennent alors le dessus et apparaissent sous forme de mousses flottantes. Nous vous conseillons de ne pas utiliser de produit pour réduire le pH ; leur effet est éphémère et perturbe l'équilibre de l'eau. La canicule terminée, le pH reviendra à la normale.

L'eau se réchauffe sous l'effet du vent et du soleil et l'évaporation devient inévitable. Par surcroît, l'utilisation de pierres, de gravier, de pelouse et de sable sur le pourtour du lac expose l'eau du littoral au plein soleil et accentue le problème d'algues. Il faut savoir, par exemple, que les pierres sont de véritables capteurs solaires : elles emmagasinent la chaleur et la transfèrent à l'eau.

Lorsque vous aménagerez le pourtour de votre lac, voyez à conserver et à utiliser la bordure végétale naturelle déjà en place. Au besoin, ajoutez des plantes, ou faites des plantations en massifs. Les végétaux dégagent de la fraîcheur par évapotranspiration, en plus d'ombrager la surface de l'eau. On peut très bien revitaliser la rive d'un lac en plantant des arbustes qui vont donner de l'ombre et servir de zone tampon entre l'eau et la terre ferme, sans pour autant obstruer la vue.

Si un muret de soutien est déjà en place et que vous ne souhaitez pas vous lancer dans des travaux de réfection, je vous suggère de planter, à tous les 2 m, une vigne vierge telle que le *parthenocissus quinquefolia*, qui servira de couvert végétal pour le muret. Cette vigne pousse bien dans un sol relativement pauvre et peut gagner jusqu'à 5 m par an. Elle aura tôt fait de rendre votre muret plus esthétique et empêchera le réchauffement de la rive.

- **La sédimentation**

On sait que la matière organique accumulée au fond d'un lac est composée de déchets d'animaux et de végétaux en décomposition. Vous avez lu également que, dans certains cas, la qualité de l'oxygène et celle de la flore bactérienne peut être déficiente. Ainsi, dans certains lacs, les sédiments s'accumulent plus rapidement qu'ils ne se décomposent. C'est alors le processus d'eutrophisation du lac qui s'amorce. Le lac se transforme proressivement en marais et en tourbière, pour enfin disparaître à plus ou moins long terme.

Les sédiments accumulés représentent un compost rempli d'éléments nutritifs pour les algues. Chaque fois qu'un poisson, un batracien, une tortue ou un autre animal brasse les sédiments, l'eau se brouille et les algues se développent. Pour conserver une eau limpide, il faudra donc garder l'épaisseur de la couche de sédiment inférieure à 5 cm. Vous trouverez les informations pertinentes sur le contrôle des sédiments dans le chapitre portant sur l'entretien.

Les plantes aquatiques aident à maintenir l'équilibre du milieu. Elles sont utiles quelle que soit la vocation de votre lac. Bien entendu, dans le cas d'un étang-jardin ou d'un refuge faunique, leur rôle en sera un de premier plan. Le chapitre qui suit vous permettra de mieux connaître ces plantes et d'en tirer un meilleur parti.

Chapitre 6

LES PARTICULARITÉS DE LA FLORE AQUATIQUE

Chaque plante a ses exigences propres, comme la profondeur nécessaire à son implantation et un certain nombre d'heures d'ensoleillement pour la floraison. Il est également utile de connaître sa fonction en regard de l'équilibre de l'eau, sa rusticité et son potentiel d'envahissement.

Ph. 20

Quatre groupes de plantes peuvent composer un étang-jardin : les plantes aquatiques proprement dites ou plantes à feuilles flottantes, les plantes submergées, les plantes flottantes et les plantes des lieux humides, un groupe de végétaux qui vivent près des rives.

Fig. 45

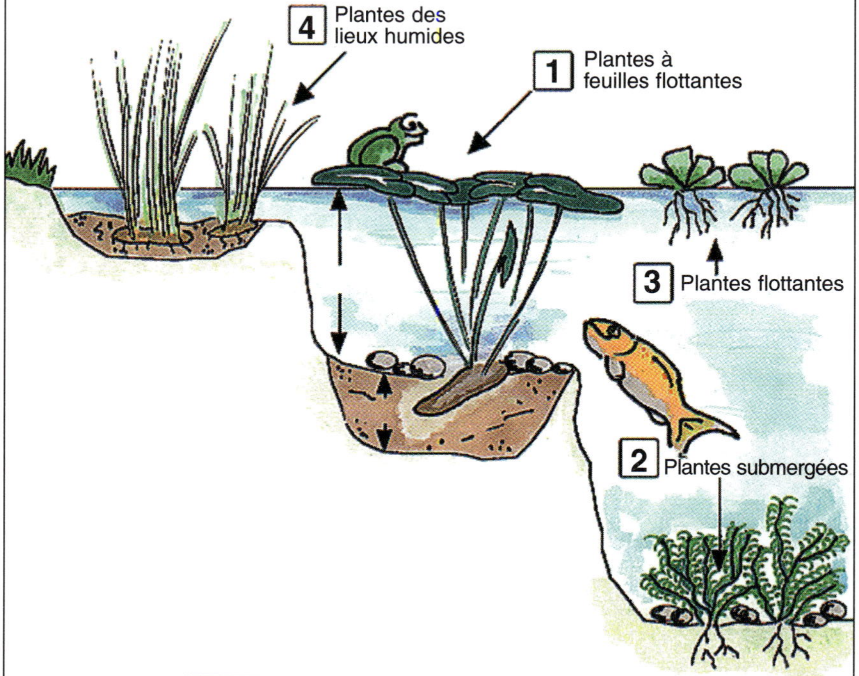

Quatre groupes de plantes

Les plantes à feuilles flottantes

Toutes les plantes de ce groupe ont leurs racines plantées en plein sol, sous l'eau, avec leurs feuilles et leurs fleurs qui flottent à fleur d'eau. Parmi les plus connues, mentionnons la famille des nymphéacées, dans laquelle on retrouve le *nymphaea sp.* (nymphéa), le *nuphar sp.* (nénuphar), le *nelumbo sp.* (lotus) et le *brasenia* (brasénie). Cette dernière espèce ne présentant que peu d'intérêt pour notre propos, nous nous attarderons plutôt sur les trois premières.

Commençons par le nymphéa, qui est sans contredit la plante la plus spectaculaire de l'étang avec le lotus. La floraison de cette plante est abondante et s'échelonne de juin à octobre. Quel émerveillement de voir la fleur de nymphéa s'ouvrir chaque matin et se refermer en fin de journée ! Après trois à cinq jours de ce manège, elle coule au fond et d'autres fleurs peuvent alors émerger.

Ph. 22

Les jardins À fleur d'eau

Ph. 23

Les jardins À fleur d'eau

Ph. 24

Les jardins À fleur d'eau

Ph. 25

Les jardins À fleur d'eau

Un plant mature peut donner une dizaine de fleurs à la fois et présenter des intervalles de quelques semaines sans floraison. Par contre, si les nymphéas sont plantés en plein soleil et en massifs de trois à cinq plants, on peut être assuré d'une floraison quasi continue.

Selon la variété, le diamètre des fleurs va de 4 cm à près de 20 cm. On compte plus d'une centaine de variétés hybrides qui sont bien adaptées jusqu'en zone 3[1] et qui résistent bien à nos hivers rigoureux. Elles se différencient autant par la forme, le nombre de pétales et le diamètre de la fleur que par la forme et la couleur des feuilles. Essentiellement, on les retrouve dans une gamme de cinq couleurs de base, soit le blanc, le rose, le rouge, le jaune et le nymphéa qu'on appelle « changeant », dont la teinte passe du cuivre à l'orangé. Le feuillage des variétés à fleurs jaunes ainsi que les fleurs aux teintes cuivrées et certaines variétés de rouge sont agrémentés de touches marron, chocolat et bourgogne.

Idéalement, la majorité des nymphéas hybrides sont plantés à une profondeur de 60 cm. À cette profondeur, la température de l'eau est assez chaude pour permettre à la plante de bien assimiler les éléments nutritifs du sol. Si on les plante plus profondément, la floraison sera plus tardive et moins abondante, étant donné que l'eau est plus froide et la pénétration de la lumière, moins intense. À 60 cm, les nymphéas hibernent très bien.

Ph. 26

Les jardins À fleur d'eau

Parmi les variétés indigènes, on retrouve le *nymphaea tuberosa* (nymphéa tubéreux) et le *tuberosa odorata* aux fleurs blanches, quelquefois rosées, et au cœur jaune. Il en est de même pour toutes les variétés hybrides rustiques. Quelle que soit la floraison, le cœur de la fleur est toujours jaune. Les nymphéas indigènes

1. *Zone 3 pour le Canada ; zone 4 pour les États-Unis ; zone 4 pour l'Europe.*

sont très beaux mais beaucoup moins florifères que les variétés hybrides. Ils sont aussi moins chers à l'achat et plus envahissants ; car ils se ressèment d'eux-mêmes, contrairement aux hybrides qu'il faut diviser après quelques années pour les repiquer ailleurs après. Pour ces raisons, on choisit habituellement les hybrides pour les étangs-jardins alors qu'on utilisera des plants indigènes pour couvrir les grandes surfaces, en habitat faunique par exemple.

Le nénuphar, *nuphar sp.* de son vrai nom latin, celui que l'on retrouve en milieu naturel, est différent du *nymphaea sp.* nymphéa. Ses feuilles sont légèrement lancéolées et en forme de sabot. Sa fleur jaune au centre rougeâtre a l'apparence d'un bouton floral qui ne s'ouvre pas complètement. Son plus grand défaut est de fleurir très peu. À moins d'avoir assez d'espace pour en planter une bonne douzaine, on risque de ne pas voir ses petits boutons.

Les jardins À fleur d'eau

Le *nelumbo sp.* (lotus) est, au même titre que le nymphéa, une plante à feuilles flottantes. Pour être plus précis, disons que le premier groupe de feuilles qui apparaissent en début de saison sont flottantes, mais le second groupe, qui émerge plus tardivement, s'érige jusqu'à 90 cm au-dessus de la surface de l'eau. Le diamètre des feuilles atteint facilement 20 à 30 cm. La fleur, qui est aussi grosse qu'une pivoine, fleurit tardivement de juillet à septembre, en plein soleil. C'est une plante spectaculaire mais plutôt fragile au froid. On arrive assez bien à la faire hiberner en la plaçant à environ 75 cm de profondeur en zone 5[1]. Le lotus peut passer l'hiver en toute quiétude à l'intérieur, pourvu qu'il soit recouvert d'eau en tout temps, et placé dans un endroit éclairé naturellement.

Ph. 28

Les jardins À fleur d'eau

D'autres variétés de plantes à feuilles flottantes peuvent compléter votre aménagement, comme l'*aponogeton sp.* Cette espèce s'adapte bien aux endroits ombragés et ses petites fleurs blanches exhalent un léger parfum de vanille. Quant à la *nymphoïde peltata sp.*, elle ressemble à un nymphéa miniature ; ses feuilles flottantes dentelées (de 3 à 10 cm de diamètre) et sa petite fleur jaune vif la rendent très attrayante. Attention toutefois ! Ces plantes sont dangereusement envahissantes en milieu naturel. (Fig. 29, p. 122)

1. *Zone 5 pour le Canada ; zone 6 pour les États-Unis ; zone 6 pour l'Europe.*

Ph. 29

Les jardins À fleur d'eau

Les plantes submergées

Les plantes submergées croissent en grande partie sous la surface de l'eau et, par conséquent, elles sont souvent peu visibles. Il en est de même pour la floraison. Le *myriophyllum sp.* et l'*elodea* ont une fleur miniature à peine perceptible. Néanmoins, leur présence est essentielle pour assurer une bonne qualité de l'eau.

Fig. 46

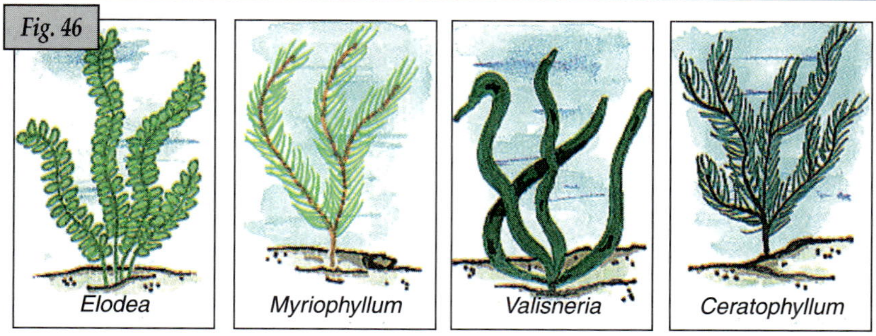

Plantes submergées

À l'instar des autres végétaux, les plantes submergées dégagent de l'oxygène lors de la photosynthèse, oxygène qui sera utilisé par la faune et la flore aquatique. Leur feuillage abondant abrite le zooplancton qui assimile les algues, rendant ainsi l'eau plus limpide. Malgré leur grande discrétion, on peut parfois les apercevoir près de la surface. Certaines, comme le *potamogeton sp.* et le *ceratophyllum sp.*, forment des massifs au feuillage vert tendre qui ornent joliment les fonds sombres d'un plan d'eau.

Ph. 30

Les jardins À fleur d'eau

Ph. 31

Les jardins À fleur d'eau

Parce qu'elles ont la réputation d'être envahissantes, beaucoup hésitent à utiliser ces plantes. Il faut savoir qu'elles se multiplient en fonction de la charge nutritive contenue dans la colonne d'eau. Si celle-ci est riche en matière azotée et phosphorée, la plante va proliférer, comme le feraient les algues en leur absence. Si l'équilibre est maintenu entre les matières azotées et phosphorées, principale source de pollution de nos cours d'eau, on obtiendra une eau de qualité. On pourra alors jouir du tapis végétal formé par les plantes submergées sans craindre l'envahissement.

Les plantes flottantes

On les appelle flottantes parce que la racine de ces plantes n'est ni ancrée ni plantée. La plante entière flotte à fleur d'eau. Parmi les variétés indigènes, on connaît principalement le *lemna minor* et le *lemna triscula* (lentilles d'eau). Ce sont des espèces miniatures qui ressemblent à un petit trèfle flottant, et dont la racine est à peine visible. Lorsqu'elles vivent dans les eaux polluées, riches en phosphate, elles forment un tapis très dense qui bouge au gré du vent. Comme pour les plantes submergées, leur taux d'envahissement est lié à la quantité d'éléments nutritifs présents dans l'eau. On peut facilement contrer leur envahissement à l'aide d'une épuisette. Ces plantes apportent un petit cachet sauvage à un plan d'eau.

Les jardins À fleur d'eau

Quelques variétés exotiques sont particulièrement intéressantes pour qui veut composer un herbier aquatique diversifié. Parmi celles-ci, on trouve l'*eichhornia crassipes* (jacinthe d'eau), dont le feuillage charnu et la fleur bleue sont très attrayants, et le *pistia stratiotes* (laitue d'eau), dont le feuillage duveteux forme de jolies rosettes. Ces plantes n'hibernent pas, mais leur prix d'achat modeste permet de les renouveler chaque année, comme on le fait pour les annuelles de nos boîtes à fleurs. Enfin, mentionnons le *stratiotes aloides* (aloès d'eau), qui est semblable à une plante araignée et qui s'étale juste sous la surface de l'eau. Dans les climats tempérés, comme en Angleterre, l'aloès d'eau monte à la surface en juillet, pour fleurir. Toutefois, même si cette plante ne fleurit pas en zone 5, au Canada, elle y hiberne sans problème.

Ph. 33

Les jardins À fleur d'eau

Ph. 34

Les jardins À fleur d'eau

Les plantes des lieux humides

On retrouve trois types de plantes dans ce groupe : les plantes palustres, les plantes riveraines et les plantes de bordure.

Les plantes palustres vivent en milieu continuellement inondé (de 1 cm à quelque 30 cm d'eau par-dessus le collet de la plante). Les plantes riveraines vont préférer l'humidité de la rive ; elles peuvent tolérer des périodes d'inondation temporaires, comme c'est le cas au printemps ou à la suite de fortes pluies. Finalement, les plantes de bordure ont une meilleure croissance en zone simplement saturée.

Les jardins À fleur d'eau

Les plantes des lieux humides offrent un large éventail de choix tant par leur taille, leur forme ou la densité de leur feuillage que par les différents attraits de leur floraison. Généralement, ces plantes sont envahissantes ; il faut donc les planter de manière à pouvoir en gérer aisément le développement.

Ph. 36

Les jardins À fleur d'eau

Ph. 37

Les jardins À fleur d'eau

Les jardins À fleur d'eau

Les jardins À fleur d'eau

Les jardins À fleur d'eau

Le *typha latifolia* (quenouille à larges feuilles) en est un exemple. Cette plante, qui peut atteindre jusqu'à 2 m de hauteur, possède un feuillage dense et difficile à arracher. Elle se répand rapidement et peut empêcher la croissance des plantes voisines si on n'y prête pas attention. Elle n'a toutefois pas que des défauts. Son élégance en fait la favorite de plusieurs amants de la nature, et sa grande capacité filtrante la rend très utile. Si sa croissance est bien gérée, elle pourra trouver sa place dans votre jardin. On la contrôle facilement en contenant.

Outre la quenouille, il existe d'autres variétés rustiques. Parmi les plus connues et les plus recherchées, mentionnons le *butomus umbellatus* à fleur rose, l'*iris versicolor* et la *pontederia cordata* à fleur bleue, la *sagittaria latifolia* et le *calla palustris* à fleur blanche, le *caltha palustris* à fleur jaune. Ajoutons à cette liste des plantes comme le *scirpus alba*, le *scirpus zebrinus*, le *myosotis*, l'*eleocharis*, l'*equisitum*. Chacune a sa particularité et son rôle à jouer.

Ph. 44

Régis Millereau : Rêve Rive inc.

On trouve sur le marché des plantes de lieux humides qui sont bien adaptées à chaque région. Elles sont offertes dans une gamme de coloris qui égaieront votre œil et sauront satisfaire les plus difficiles. Plusieurs de ces variétés se retrouvent dans les étangs et dans les lacs naturels.

Il faut éviter d'aller les cueillir dans la nature, et ce, pour deux raisons. D'une part, ces plantes sont souvent implantées dans des milieux contaminés et risquent donc de contaminer votre jardin ; d'autre part, il y a toujours un risque de détruire un équilibre naturel précaire lorsqu'on prélève des plantes dans un milieu donné.

Si elles sont bien agencées, les plantes se refléteront sur l'eau, ce qui mettra votre aménagement en valeur. Tout en habillant élégamment le pourtour de votre plan d'eau, elles serviront aussi, grâce à la densité de leur feuillage, à réduire la prolifération de mauvaises herbes.

Nous vous avons donné jusqu'ici un bref aperçu de la flore aquatique. En vous reportant à l'annexe 2, vous trouverez un tableau qui vous renseignera sur le potentiel lacustre, la profondeur de plantation et sur quelques autres particularités des plantes aquatiques et des plantes des lieux humides. Vous trouverez chez votre fournisseur un vaste choix de couleurs et de textures qui vous permettront de faire votre propre composition.

La plantation des plantes des lieux humides

Les plantes des lieux humides ont avantage a être plantées en massifs. De cette manière, elles sont efficaces pour remplir tous leurs rôles : abriter des canardeaux, stabiliser le sol avec leur abondantes racines ou même créer un impact visuel imposant grâce à leur feuillage et à leur floraison. Pour profiter des multiples vertus de ces plantes, tout en évitant l'envahissement, nous vous suggérons d'aménager des plateaux bien délimités en bordure du lac.

Premièrement, remplacez 30 cm de terre de remblai par l'équivalent en sol arable, que vous aurez mis de côté lors de l'excavation. Ensuite, façonnez les plateaux de plantation de manière à recevoir de 0 à 15 cm d'eau pour répondre aux besoins de ce type de plantes. Mais attention ! La marge de manœuvre étant étroite, il vaut mieux connaître le niveau final du plan d'eau avant de préparer les plates-bandes.

Chaque plate-bande doit contenir une seule variété de plantes ; ainsi, il n'y aura pas de compétition. La plante sera limitée dans son expansion vers le lac par la profondeur du fond qui change abruptement, et dans son expansion vers le boisé par la terre de remblai, moins fertile et plus aride. Il ne vous restera qu'à préparer autant de plates-bandes qu'il y aura de variétés à planter. Cette partie du travail peut se faire l'année suivante puisqu'elle ne requiert pas de machinerie lourde et, avantage non négligeable, l'investissement financier se fera progressivement. La densité de plantation suggérée est de 10 plants au mètre carré.

Un bon sol arable, légèrement argileux, convient parfaitement à l'ensemble des plantes aquatiques. N'utilisez pas de terre noire car, comme son nom l'indique, elle donne une teinte noire à l'eau. Une fois la plate-bande formée, il vaut mieux attendre quelques semaines, le temps que le sol se soit un peu compacté, avant de commencer à planter. Lors de la plantation, l'eau deviendra brouillée et vous n'y verrez plus rien. Aussi, pour éviter d'écraser vos plants fraîchement plantés, travaillez de l'intérieur du plan d'eau vers la rive plutôt que l'inverse.

Les plantes à tige haute sont vulnérables au vent et vont se déraciner dans les heures qui suivent. Il faudra donc couper les tiges à environ 15 cm au-dessus du collet avant de les planter. De plus, cette taille permettra au système racinaire de se développer plus rapidement et favorisera la reprise du plant.

Fig. 47

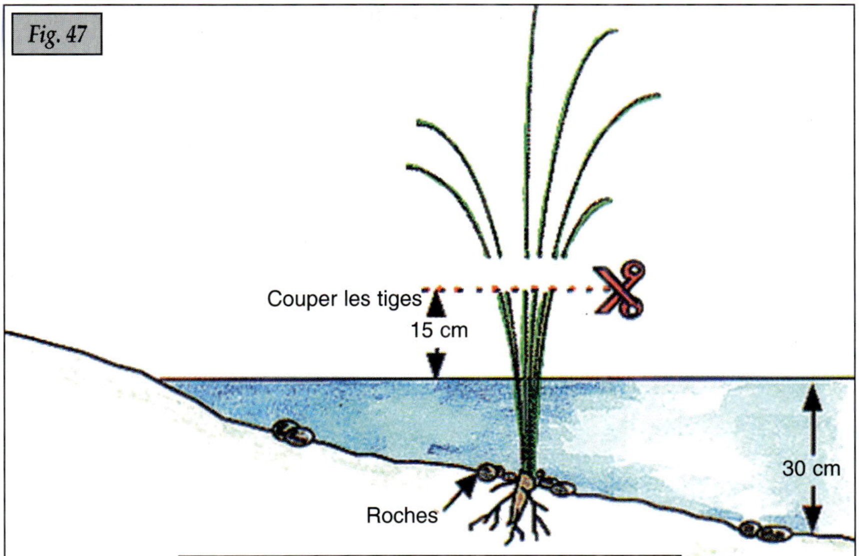

Plantation en lieux humides

Afin d'éviter un va-et-vient constant entre les plantes et le site de plantation, remplissez un seau de plusieurs plants, et laissez-le flotter près de vous ; cela vous facilitera la tâche. Lorsque le lit de plantation est de grande dimension, on a intérêt à le quadriller (avec de la corde et des piquets) pour se donner des points de repère et obtenir un massif plus uniforme. Si le sol se compacte difficilement, il deviendra nécessaire d'utiliser des galets pour bien fixer les végétaux.

Si vous souhaitez planter dans un lac établi depuis longtemps et dont le sol du rivage est fertile, vous pouvez le faire en vous assurant que le niveau d'eau soit adéquat pour les besoins de la plante.

La plantation des plantes à feuilles flottantes

Les nénuphars et les nymphéas sont plantés du mois de mai à la mi-septembre. Pour un effet maximum, il vaut mieux former des massifs de 3 à 5 plants à 60 cm sous l'eau. Les plantes étaleront leurs fleurs et leur feuillage avec une densité telle que la fraîcheur de l'eau sera conservée et, en outre, cela fournira un abri de choix aux alevins.

Fig. 48

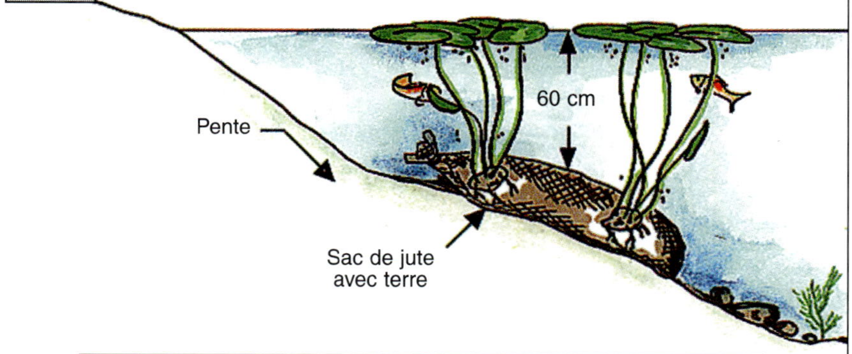

Plantation de nymphéas en sac de jute

Le sol est pauvre à cette profondeur, une situation à laquelle il vaut mieux remédier. Une technique simple pour déposer du sol dans l'eau est d'utiliser des sacs de jute. Remplissez le sac de bonne terre, attachez-le et immergez-le à l'endroit désiré. Une fois le sac bien déposé au fond, faites-y une incision juste assez grande pour y insérer la racine du nymphéa. Un sac bien rempli de terre peut contenir deux plants. L'année suivante, la jute se sera décomposée, et le système de racines aura eu le temps de s'ancrer dans le sol.

Notez que si vous comptez sur la visite des canards migrateurs à l'automne, il vous faudra planter vos nénuphars au plus tard en août ; car vos visiteurs ailés, en se nourrissant des feuilles, déracineront du coup un plant trop nouvellement planté. De plus, durant la période hivernale, les racines devront être protégées contre la voracité des rats musqués et des tortues. La meilleure façon de procéder est d'envelopper le sac de jute de grillage avant l'apparition des tiges et des feuilles. Si le lieu de plantation est relativement plat, vous pouvez aussi utiliser des contenants de plastique ayant plus de 45 cm de diamètre et recouvrir ceux-ci avec le grillage de protection.

Fig. 49

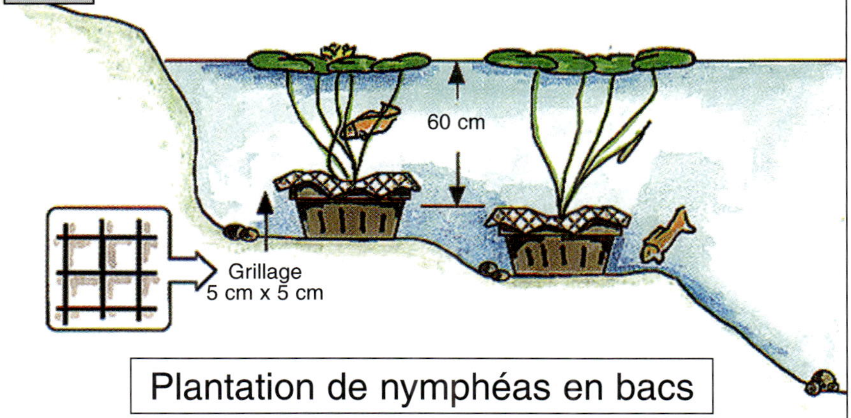

Plantation de nymphéas en bacs

La plantation des plantes submergées

Les plantes submergées doivent être protégées contre la sécheresse durant l'opération de plantation, car elles périssent très rapidement lorsqu'elles sont hors de l'eau. Du papier journal mouillé déposé sur le feuillage fera l'affaire. Les plantes doivent être entièrement recouvertes d'eau, peu importe la profondeur, mais l'eau doit être assez limpide pour que la lumière puisse pénétrer jusqu'à elles. Dans les endroits inaccessibles, elles peuvent être lestées en attachant ensemble 5 à 8 tiges bouturées. Si elles sont plantées dans les premiers 60 cm de profondeur, on n'a qu'à enfouir la base des tiges dans le sol.

Les plantes submergées ne requièrent pas un sol fertile pour se développer. À la rigueur, on peut même les fixer dans du gravier fin. Pour augmenter vos chances de réussite, vous pouvez introduire deux ou trois variétés disposées en petits massifs et implantées en divers endroits du lac.

Fig. 50

Plantation de plantes submergées

Ces plantes se nourrissent de sels minéraux, mais elles ne sont pas envahissantes dans la mesure où la quantité de matière azotée et phosphorée contenue dans l'eau est faible. Si, au contraire, l'eau est riche en sels minéraux, elles vont se multiplier pour maintenir une eau claire, bien oxygénée et exempte d'algues. Si elles se développent trop abondamment, il vous faudra identifier la source de l'excès de sels minéraux et gérer cette situation à l'aide d'un marais filtrant. Une fois l'équilibre de l'eau rétabli, la croissance des plantes submergées sera de nouveau maîtrisée.

La division des plantes

Vous envisagez de créer un nouveau massif de nymphéas dans un autre secteur de votre plan d'eau ? Pour ce faire, retirez le plant mère vieux de trois ou quatre ans, pour le diviser. Vous constaterez que d'une variété à l'autre, le système racinaire peut être très différent. Enlevez le surplus de terre entourant la racine afin de dégager le renflement des nouvelles racines rattachées au plant mère. Détachez-le à l'aide d'un couteau stérilisé et bien affilé, et coupez toutes les radicelles. Replantez le plant mère et repiquez les jeunes racines en veillant à ce que la tige soit orientée et la base de celle-ci, découverte.

Nous vous suggérons de procéder à cette opération au printemps (en mai ou en juin) pour donner aux nouveaux plants le temps de bien s'enraciner avant l'aoûtement. Les plants sont moins florifères durant l'année de leur division, à cause de l'énergie qu'ils doivent utiliser pour reconstituer leur système racinaire. Pour cette raison, il est recommandé de ne pas diviser tous les plants dans la même année.

Fig. 51

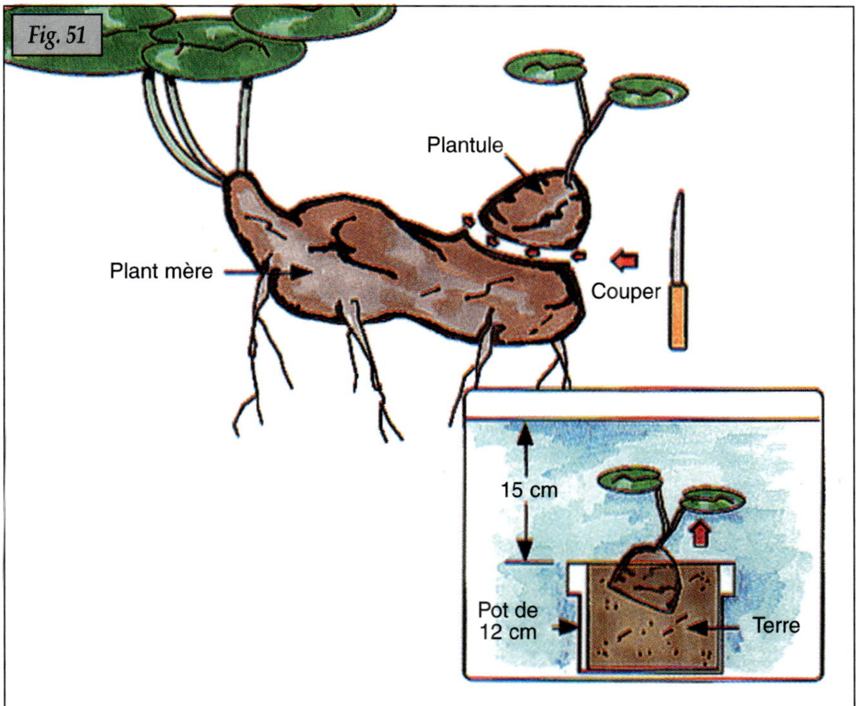

Division d'une racine de nymphéa

Les plantes flottantes ne requièrent pas de division, car la tige qui relie le jeune plant au plant mère se brise d'elle-même par le mouvement de l'eau. Si l'on veut éliminer des plants ou créer de nouveaux massifs, on peut sectionner cette tige à l'aide d'un ciseau.

Si vous désirez diviser les plantes submergées, le bouturage sera la méthode à privilégier. Rassemblez une dizaine de tiges, que vous aurez coupées à 15 cm de longueur et repiquez-les ailleurs. Veillez à ce qu'elles ne s'assèchent pas durant l'opération. Pour ce faire, abritez-les du vent et du soleil en les couvrant de papier journal humide ou en les faisant flotter dans un peu d'eau.

Les plantes des lieux humides se divisent comme les vivaces de parterre. Nettoyez les racines avec de l'eau et séparez-les de façon à former des groupements de un ou plusieurs plants, puis repiquez ces derniers à l'endroit désiré.

La fertilisation

Les plantes submergées et les plantes flottantes ne requièrent pas de fertilisant. Elles sont habituellement utilisées pour assimiler les matières nutritives en suspension dans la colonne d'eau. Quant aux nymphéas et aux plantes des lieux humides, vous pouvez utiliser, lors de la transplantation et au cours de la croissance, les fertilisants habituellement recommandés pour les plantes aquatiques. Afin d'éviter que le fertilisant ne se dilue rapidement dans l'eau, plongez rapidement la pastille dans le sol où s'enracinera la plante. Ne vous inquiétez pas si votre eau devient verte à la suite d'une séance de fertilisation ; les algues ainsi développées disparaîtront après une semaine ou deux.

Si vous utilisez un fertilisant en poudre ou si la pastille a tendance à se désagréger trop rapidement, enveloppez le fertilisant dans un morceau de papier que vous insérerez dans le sol. Durant le processus de transplantation, alors que le système de racines est endommagé, utilisez un fertilisant qui en stimulera la pousse. Évitez de mettre le fertilisant trop près des racines ; celui-ci pourrait les brûler.

Vous pouvez maintenant jouir du fruit de votre travail en observant l'évolution de votre jardin. Au fil des jours et des saisons, vous verrez des changements importants dans la floraison et dans le feuillage. De l'aube au coucher du soleil, vous ne vous lasserez pas d'admirer ce biotope fantastique qu'est le milieu aquatique d'eau douce.

Fig. 52

La satisfaction du travail bien fait

Chapitre 7

L'ENTRETIEN

Rassurez-vous ! Un plan d'eau bien conçu exige peu d'entretien ; moins en fait qu'une pelouse puisque vous n'avez pas besoin de tondre, de ratisser, d'arroser, etc. Cependant, vous devez demeurer vigilant quant à la gestion des sédiments, des algues, des plantes et de la faune. Tout est question d'équilibre !

La gestion des sédiments

Le moyen le plus simple pour connaître l'épaisseur de la couche de sédiments dans un plan d'eau est d'y enfoncer une perche en divers endroits, particulièrement dans le bas-fond, là où s'accumulent les feuilles mortes. La portion de la perche qui ressortira souillée vous indiquera l'épaisseur des sédiments. Une épaisseur de 3 à 5 cm de sédiments ne doit pas vous inquiéter ; cela est tout à fait normal. Les matières organiques n'étant pas toutes au même stade de décomposition, les micro-organismes ne sont pas en mesure de toutes les assimiler. Si cette couche excède 5 cm, cela signifie que les micro-organismes ne sont pas en nombre suffisant pour accomplir correctement leur travail d'épuration. Vous devrez donc en ajouter. Ils se vendent généralement sous forme liquide, mais on en trouve aussi en poudre.

Pour les lacs où la couche de sédiments est de 30 cm et plus, vous devrez ensemencer des bactéries chaque semaine, d'avril à novembre. Généralement, dans un plan d'eau de 10 000 m^2, un litre de bactéries liquide par semaine suffit. Les bactéries se vendent au coût approximatif de 12 $ (7.92 €) le litre. On aurait avantage à ensemencer les plans d'eau de plus de un mètre de profondeur avec de l'argile en poudre. Celle-ci permettra de précipiter les micro-organismes directement dans les couches de sédiments.

Après quelques mois de ce traitement, reprenez la mesure de sédiments à l'aide de votre perche, aux mêmes endroits. Selon la diminution que vous aurez constatée, vous serez en mesure de calculer le nombre de traitements à administrer pour remettre le lac à son état d'origine. Cette opération vous aura coûté quelques centaines de dollars, comparativement aux quelques milliers de dollars qu'aurait requis un nettoyage à la pelle mécanique, sans compter les dommages causés au terrain.

Vous pouvez également opter pour un traitement qui s'effectuerait de façon progressive. Vous ne devez pas vous sentir obligé d'éliminer en un an une couche de sédiments qui a mis cinq années ou plus à se former. Lorsque vous aurez maîtrisé la situation, il vous suffira ensuite d'ensemencer des bactéries deux fois l'an, au printemps et à l'automne, pour conserver un fond propre. N'ayez aucune crainte ! Ces bactéries ne sont pas toxiques, ni pour les animaux ni pour les humains. Elles sont présentes naturellement dans les lacs sains.

Lorsque la quantité d'oxygène au fond du lac est insuffisante, les bactéries sont moins efficaces, et les matières organiques s'accumulent. Il y aurait alors avantage à installer un système permanent d'oxygénation du fond. Pour un lac de quelque 10 000 m^2, il se vend des systèmes efficaces et durables au coût de 1 500 $ (990 €). En retour, vous économisez sur l'achat de bactéries, et la qualité de votre eau s'améliorera sensiblement. Notez que durant les premiers mois d'un tel traitement, l'eau sera probablement plus trouble qu'à l'habitude. Ce sera seulement à la saison suivante qu'elle retrouvera toute sa limpidité.

La gestion des algues

Si le fond de votre plan d'eau est propre, les plantes en quantité suffisante, et que vous arrivez à réprimer vos élans de générosité concernant l'alimentation des poissons, il n'y a pas de raison pour que vous soyez envahi par les algues au point d'avoir de l'eau verte ou des mousses vertes qui flottent partout. Si tel était le cas, cela indiquerait, comme on l'a vu précédemment, que les polluants extérieurs, comme les fertilisants, le gazon, les engrais agricoles et le lessivage des pentes, ne sont pas correctement gérés. C'est pourquoi nous vous avons proposé plusieurs solutions au cours des chapitres précédents pour mettre tous ces intrus hors d'état de nuire.

À l'automne, les tiges séchées des plantes des lieux humides et des plantes de bordure servent souvent de refuge aux larves d'insectes pour la saison suivante. Si les pucerons ont envahi les plantes durant l'été, le fait de tailler les tiges à l'automne leur sera fatal. Nous vous suggérons en outre de brûler les tiges infestées. Ce travail se fait tard à l'automne, quand les feuilles jaunissent. C'est le signal que la végétation nous donne pour indiquer que la sève est descendue afin d'être emmagasinée dans les racines pour la période hivernale, et que la taille n'affaiblira pas les plants.

Les plantes à longue tige (90 cm et plus), comme le *typha sp.* (quenouille) et le *scirpus sp.* (scirpes) favorisent, par leur tige, les échanges gazeux entre l'air et le milieu aquatique, même sous la neige ou la glace. Cet apport d'oxygène est essentiel au travail d'épuration accompli par les micro-organismes. Il vaut mieux alors ne pas les tailler, surtout si elles sont installées dans un marais filtrant. Par ailleurs, si votre étang sert de refuge à la sauvagine, la taille devra être sélective pour ne pas compromettre la survie de cette espèce.

La gestion des plantes

La croissance des plantes flottantes telles que le *lemna sp.* (lentille d'eau) ou l'*eichhornia sp.* (jacinthe d'eau) se gère simplement par la cueillette. Il s'agit de les ramasser à l'aide d'une épuisette, puis de les composter comme on le fait avec les feuilles d'automne.

Les plantes submergées peuvent être contenues de trois façons : par faucardage ou en ratissant le fond ; en injectant de l'air dans le fond du plan d'eau à l'aide d'un compresseur ou d'une éolienne ; en réduisant au minimum les sels minéraux de l'eau à l'aide de bactéries et d'un marais filtrant.

Le faucardage ou le ratissage sont des techniques rapides mais peu efficaces puisqu'il faut répéter l'opération aussitôt que les tiges ont repoussé. De plus, les résidus des tiges coupées non ramassées vont s'implanter ailleurs et augmenter la surface occupée par la colonie.

L'oxygénation du fond à l'aide d'un compresseur ou d'une éolienne est efficace pour l'ensemble des variétés de plantes submergées. Cette technique est particulièrement indiquée dans le cas du *myriophillum sp.* et du *potamogeton sp.*, qui peuvent envahir le plan d'eau jusqu'à 3 m de profondeur.

Généralement, pour l'ensemble des plantes submergées, nous recommandons l'installation d'un marais filtrant comme solution à long terme.

Les plantes des lieux humides se limitent d'elles-mêmes lorsque leur site de plantation est aménagé tel qu'il a été expliqué précédemment. Si vous désirez réduire la taille d'un massif devenu trop imposant, ne vous acharnez pas à déraciner les plants. C'est un travail ardu, et les résultats ne sont pas toujours satisfaisants. Il est plus simple de procéder à des tailles répétitives

Les tiges doivent être coupées le plus près possible des racines ; ainsi, le plant ne pourra pas produire la photosynthèse nécessaire à sa croissance, et il périra après quelques tailles sévères. C'est le mode de gestion connu le plus efficace et le moins exigeant physiquement.

Lorsque l'émissaire du lac se trouve en surface, sous la forme d'un ruisseau de décharge, les semences charriées par le courant s'accumulent, ce qui a pour résultat de développer des colonies de plantes à cet endroit. La *typha sp.* (quenouille) est particulièrement opportuniste dans de telles situations. Une taille régulière l'empêchera de s'installer.

Les nymphéas hybrides ne requièrent aucune intervention particulière puisqu'ils ne se ressèment pas et ne peuvent donc pas envahir le plan d'eau. Afin de les maintenir en bonne santé, il faut les diviser aux trois ou quatre ans. Toutefois, les plantes à feuilles flottantes indigènes telles que le *nymphaea tuberosa* (nymphéa tubéreux) et le *nuphar sp.* (nénuphar) peuvent se ressemer et devenir envahissants. Si c'est le cas, il faudra, après plusieurs années, lorsque ce sera nécessaire, déterrer les plants indésirables pour les éliminer. Dans les plans d'eau où l'on veut limiter la croissance des nymphéas, on évite d'utiliser des variétés indigènes.

La gestion de la faune

Les animaux acquièrent certaines habitudes et ils les maintiennent aussi longtemps qu'elles leurs sont profitables. Si quelques-unes de ces habitudes vous causent des problèmes, comme le fait de manger vos plantes ou vos poissons, il vous faudra trouver un moyen de remédier à cette situation. Ils emprunteront un autre parcours. Vous serez alors tranquille jusqu'à l'apparition d'un remplaçant. Voyons de plus près différents moyens de dissuasion pour quelques espèces dont le comportement est parfois indésirable.

Le héron mange vos poissons ? Il est interdit de chasser cet oiseau, mais vous pouvez toutefois lui rendre la tâche plus difficile. Plantez quelques piquets à son lieu de pêche habituel ; fixez-y des cordes que vous enroulerez et croiserez et dans lesquelles il pourra s'empêtrer. Il y a sur le marché des appareils à ultrasons qui sont généralement assez coûteux et dont l'efficacité est aléatoire. Ces appareils sont difficiles à régler sur la bonne fréquence et ils peuvent incommoder d'autres espèces, incluant votre chien ou votre chat.

Le héron pêche généralement au lever et au coucher du soleil. Si vous arrivez à le surprendre pendant quelques jours consécutifs, il changera de pourvoirie.

La vigilance d'un chien est souvent le meilleur atout qui soit. Vous pouvez également essayer le truc du hibou de plastique ou du héron mannequin placé près du plan d'eau ; le héron respecte un territoire déjà occupé par un congénère. Il faudra toutefois changer de stratégie régulièrement, pour que votre moyen de dissuasion maintienne son efficacité.

Vous souhaitez vous débarrasser des sangsues qui ont élu domicile dans votre plan d'eau ? Attirez-les dans des pièges. Pour ce faire, étendez une lisière de caoutchouc noir sur la berge de façon qu'elle touche l'eau. La chaleur provoquée par le caoutchouc attirera ces bestioles et elles se logeront sous la bande pour se réchauffer. Vous n'aurez plus qu'à soulever cette bande et à les récolter. Les sangsues seront également attirées par la moelle des os. Il ne vous restera qu'à visiter votre plan d'eau tôt le matin et à retirer l'os de l'eau pour en extraire les sangsues. Normalement, les poissons carnivores exercent une action efficace sur les sangsues.

Ph. 1

Tib Beament

Les **canards**, les **oies** et les **cygnes** sont des hôtes très agréables. En plus d'animer les lieux, ils contribuent à l'entretien du plan d'eau en mangeant les jeunes pousses des végétaux. Vous pourrez compléter leur diète en leur offrant de la moulée à volaille. Pour l'hiver, un simple abri suffira pour les protéger du vent et de la neige. Prévoyez un accès à de l'eau potable durant les jours de gel en utilisant un bol chauffant. Afin de préserver la bonne entente entre les espèces, nous suggérons d'en limiter la population à un couple par 100 m^2 de surface. Choisissez des individus qui préfèrent le milieu aquatique au milieu terrestre ; cette précaution vous assurera des berges et des sentiers propres.

Les **cygnes noirs** sont plus sociables que les blancs. Notez qu'à la saison des amours, le mâle est particulièrement belliqueux et qu'il peut représenter un danger pour les autres animaux et pour vous-même. En introduisant deux femelles plutôt qu'un couple, vous serez assuré qu'une plus grande harmonie régnera entre vous et vos hôtes. Attendez cependant que vos plantes soient bien implantées avant d'introduire ces oiseaux, car ils peuvent dévaster les jeunes plants en un temps record. Les nouveaux plants que vous introduirez dans leurs habitat seront perçus comme des intrus et dévorés. Il faudra les protéger par un un filet le temps de les rendre familiers.

Le **rat musqué** fait parfois beaucoup de ravages ; il peut endommager sérieusement une digue en y creusant des tunnels. Ces tunnels se retrouvent à environ 15 cm sous la surface de l'eau. Afin de décourager cette habitude, vous pouvez recouvrir d'un grillage le littoral de la digue. Il y a aussi la possibilité qu'un trappeur règle le problème pour vous, ou qu'un chien entêté incite ces indésirables à quitter les lieux de façon définitive. Les visons ont très bonne réputation pour faire fuir les rats musqués, mais ils mangent aussi les poissons. Sachez également que le rat musqué est très friand de racines de nymphéas. Un grillage métallique aux mailles distancées de 5 cm suffira à protéger vos plants.

La **tortue**, comme le rat musqué, est généralement responsable de la disparition des plantes et de la présence d'eau brouillée. Certaines espèces sont même dangereuses pour les canards. Vous pouvez les attraper lorsqu'elles sortent de l'eau pour se chauffer au soleil. Pour les espèces qui sont protégées, allez les reconduire au lac le plus près.

Les **grenouilles** ne sont ni nuisibles ni envahissantes. L'espace et la nourriture disponibles en détermineront la population. La reproduction va se faire selon les mêmes lois, puisque ces batraciens pondent leurs œufs seulement dans un milieu propice à leur développement. Ne vous inquiétez pas si vous voyez des nuages de têtards ; ils sont très efficaces pour nettoyer les dépôts d'algues au fond de votre bassin. Les poissons en élimineront une bonne quantité et les individus en surpopulation quitteront le plan d'eau dès qu'ils atteindront l'âge adulte.

Les **colimaçons** sont de bons vidangeurs mais lorsqu'ils sont trop nombreux, ils deviennent nuisibles. On repère leur présence à la quantité de larves transparentes qui sont collées sous les feuilles des nénuphars. Pour s'en débarrasser, on étend des feuilles de chou à la surface de l'eau, à la tombée du jour. Les colimaçons s'y colleront, et vous n'aurez plus qu'à détruire les feuilles. Recommencez l'opération aussi souvent que nécessaire.

Certaines espèces sont très efficaces pour nettoyer le milieu sans nuire aux plantes.

Les **pucerons**, lorsqu'ils se retrouvent en grand nombre, peuvent endommager sérieusement les plantes. Il faut intervenir dès l'apparition des premières générations. Rincez le feuillage avec vigueur avec un boyau d'arrosage. Les pucerons tomberont à l'eau, et les poissons s'en régaleront. Il faut répéter l'opération à plusieurs reprises et à quelques jours d'intervalle. Les savons insecticides disponibles dans les centres-jardins sont aussi très efficaces. Dans les cas critiques, lorsque la plante est couverte au point que le feuillage est jauni, il vaut mieux couper les tiges et les feuilles envahies afin de les brûler.

Conclusion

Ph. 45

Vous rêvez de vivre en bordure d'un lac ? Deux options s'offrent à vous : acquérir un terrain près d'un lac de villégiature ou acheter vous-même un terrain et aménager votre propre plan d'eau. Les terrains disponibles en bordure d'un lac sont rares, étroits, encombrés, et souvent d'un prix peu abordable. De plus, les lacs naturels ont perdu les attraits qu'on leur connaissait à une autre époque. Car, mis à part les régions éloignées, l'eau de nos lacs est habituellement impropre à la baignade. Et qu'en est-il de la tranquillité lorsqu'il faut se réfugier dans la maison pour fuir le vacarme des moteurs et pour éviter la foule des touristes d'un jour qui envahissent le site ?

Un riverain découragé a déjà réussi, à la suite de longues démarches auprès de sa municipalité, à faire amender la réglementation afin de restreindre la circulation des embarcations à moteur. Peine perdue car, voyant venir le coup, les riverains se sont tous précipités pour acheter un canot automobile afin de faire valoir leurs droits acquis, le cas échéant. Le lac est devenu un champ de course réglementé.

Si vous voulez avoir une certaine mainmise sur votre environnement présent et futur, rien ne vaut un terrain à l'abri du développement anarchique. Vous pourrez y aménager le plan d'eau qui est à la mesure de votre bourse, de vos rêves et de vos aspirations.

Annexe 1

LA RÉGLEMENTATION CONCERNANT L'AMÉNAGEMENT DE PLANS D'EAU [1]

Certains projets de lacs et d'étangs sont soumis à une réglementation mise en force par des ministères tels que ceux de l'Environnement, de la Faune, de la protection du Territoire agricole, des Eaux et Forêts, et même, dans certains cas, celui des Loisirs.

Avant de vous aventurer dans la création d'un plan d'eau, vous devez vous assurer que cela est permis. Pour connaître les normes en vigueur, vous devez vous adresser au ministère de l'Environnement et de la Faune (MEF) du Québec. Nous vous présentons sommairement les principaux règlements en vigueur depuis janvier 1980 :

- Le lac doit être distant d'au moins 35 m de toute voie publique.

  Cette disposition a pour but de prévenir la pollution du lac à cause des produits toxiques qui peuvent provenir de la route.

- Le lac artificiel doit être construit en dérivation, c'est-à-dire en dehors du lit actuel du cours d'eau d'alimentation.

  Cette précaution facilitera le contrôle du niveau d'eau du lac ainsi que la gestion des poissons et des polluants provenant des plans d'eau en amont.

---

1. *Notez que les normes dont il est ici question sont valables pour le Québec. Elles peuvent être sensiblement différentes pour les autres pays. Renseignez-vous à ce sujet auprès des autorités compétentes.*

- La distance entre le cours d'eau d'alimentation ou tout autre cours d'eau ou plan d'eau et la ligne d'eau d'exploitation du réservoir devra être d'au moins 35 m.

  Cette distance assure la protection des berges.

- Il doit être possible de régler le débit affluent de nul à maximum.

  Vous pourrez ainsi isoler le lac du cours d'eau qui l'alimente et assécher celui-ci pour y faire des travaux de réfection.

- Le débit affluent du lac devra en tout temps être supérieur à 4,5 l/min par 1 000 m^3 d'emmagasinement du lac au niveau d'eau d'exploitation.

  Cette norme a pour but de garantir une meilleure qualité de l'eau. Le marais filtrant peut pallier le non-renouvellement de l'eau.

- Sauf dans le cas de lacs alimentés par des sources, le débit affluent ne doit jamais excéder 50 % du débit total du cours d'eau qui l'alimente.

  Cette norme assure l'intégrité de l'affluent et diminue le réchauffement des eaux en aval.

- Le lac artificiel doit avoir une profondeur moyenne d'au moins 2 m.

  Cette précaution a pour but de préserver la qualité de l'eau du lac. Le marais filtrant et la gestion des feuilles vous offriront une meilleure garantie.

- Le lac artificiel doit être muni d'un appareil de vidange (moine, vide-étang, etc.) permettant la gestion du niveau de l'eau par l'évacuation des eaux de surface.

  Comme le fait le ruisseau de surface, cette précaution protège la digue.

- Les pentes des talus ne doivent pas excéder 45° et doivent être recouvertes de pierres libres ou de gazon immédiatement après les travaux de construction. Dans le cas d'un talus de sable, la pente ne devra pas excéder 30°.

  Cette norme aide à prévenir l'érosion des berges.

- Le lac artificiel doit être muni d'un réservoir de sécurité aménagé de façon à éviter toute érosion dans le cours d'eau situé en aval (béton, pierres ou terre gazonnée).

  Comme pour le ruisseau à deux débits, cette précaution sert à prévenir les risques d'érosion en cas de crue subite.

- En aucun temps, l'appareil de vidange ne devra abaisser le niveau à moins de 30 cm de la couche de sédiments se trouvant au fond du lac immédiatement à l'amont de l'appareil de vidange.

  Ceci afin de ne pas souiller l'eau du lac en aval.

- Le substrat prélevé au fond du lac artificiel lors du nettoyage devra être déposé à une distance d'au moins 10 m de tout cours d'eau ou de tout plan d'eau.

  Avec les techniques d'oxygénation des fonds et de bio-augmentation, il n'est plus nécessaire de procéder à un tel nettoyage.

- Tous les terrains situés à moins de 35 m de la ligne d'eau du lac artificiel et destinés à la construction d'habitations permanentes ou saisonnières devront avoir une superficie d'au moins 4 000 m^2, une largeur minimale de 50 m et une profondeur minimale de 50 m.

Notez qu'il est très important que vous vous procuriez un texte de loi mis à jour avant d'exécuter de quelconques travaux, car la législation dans ce domaine est très changeante.

Les règlements qui précèdent sont appliqués de façon plus ou moins stricte selon le type d'exploitation que vous ferez de votre plan d'eau. Par exemple, si vous envisagez d'ouvrir un site de camping ou un étang de pêche commerciale, il va de soi que certaines normes de sécurité devront être respectées.

Dans les cas où le plan d'eau serait une dérivation d'un cours d'eau naturel, il faudra mesurer l'impact que cette situation peut avoir sur l'environnement. Plus le plan d'eau est grand, plus l'impact sera important. Par exemple, comment peut-on disposer des rebuts de creusage ? Pouvez-vous imaginer la quantité de matériaux que représente le creusage d'un trou de 4 m de profondeur sur 100 m de longueur ? Faudra-t-il sacrifier une vaste zone d'arbres matures pour s'en débarrasser ? C'est ce type de situation que la nouvelle réglementation tente, entre autres, d'éviter.

Il semble qu'il soit beaucoup plus facile d'obtenir un permis pour la création d'un plan d'eau lorsque l'impact environnemental est minime. Armez-vous de patience lorsque vous demandez un permis, car les démarches peuvent être longues et coûteuses. On peut notamment exiger un plan cadastré, un devis de digue soumis par un professionnel ainsi qu'une permission de la Commission de protection du territoire agricole. Pour accélérer le processus, il est dans votre intérêt de présenter un devis le plus précis possible et qui se conforme à la réglementation sur le plan biologique et environnemental. Pour vous donner une idée au sujet des travaux d'ingénierie à effectuer, reportez-vous au chapitre 5 du présent ouvrage qui présente quelques plans de digues et de vide-étang.

Annexe 2

LE POTENTIEL LACUSTRE DES PLANTES AQUATIQUES

Aujourd'hui, des techniques de bio-augmentation (implantation de souches bactériennes indigènes multipliées par division cellulaire) permettent d'entretenir un plan d'eau de qualité sans trop de frais. Par exemple, un plan d'eau qui a été creusé correctement, dont les berges sont couvertes de végétation, où les plantes aquatiques sont implantées au bon endroit et la flore bactérienne adéquatement gérée restera propre, il ne nécessitera aucun ajout d'algicide et n'exigera pas que l'on procède au changement de l'eau ou à la vidange du fond.

Encore récemment, le plan d'eau artificiel était conçu comme une piscine. C'était un lieu rocailleux, sans plante riveraine ou aquatique. Pour obtenir une eau de qualité acceptable, on devait faire appel à une panoplie de produits chimiques. Bref, on créait un milieu biologiquement mort, qu'il fallait tôt ou tard, comme pour une piscine, vider et nettoyer. Cela impliquait la construction d'un vide-étang pour vidanger le lac, de recourir à une pelle mécanique pour extraire les sédiments accumulés au fond et de trouver un site pour s'en débarrasser. Or, on sait que dans la nature, il n'est pas nécessaire de vider un lac pour le nettoyer. Dans un plan d'eau bien conçu, les micro-organismes se chargent de cette tâche de nettoyage. Il est également possible d'importer des micro-organismes pour faire le ménage d'un plan d'eau un peu sale ou pollué. Cette méthode « douce », peu coûteuse et sans danger pour la faune et la flore, vaut son pesant d'or par rapport à la vidange du lac et à l'utilisation de la pelle mécanique.

LÉGENDE

C : Commentaire général | F : Faunique | E : Épuration | R : Rive

PLANTES À FEUILLES FLOTTANTES

*

Nymphaea tuberosa

Rhizome épais à ramifications tubéreuses se détachant elles-mêmes pour reproduire la plante. Feuilles flottantes (diam. : 20-40 cm) vertes sur les deux faces. Fleur (diam. : 10-23 cm) inodore, blanche, floraison estivale.

C : Sa fleur s'ouvre le matin, se referme en fin de journée et dure de trois à quatre jours.

F : Plante idéale pour ombrager les hauts-fonds et ainsi conserver la fraîcheur de l'eau et la qualité de son oxygène pour les micro-organismes, les invertébrés aquatiques et les poissons. Il est en effet le moins coûteux des nymphéas ; en outre, il peut se planter par lestage ; il se reproduit rapidement. Il offre une bonne couverture aux jeunes poissons qui veulent s'approcher de la berge pour se nourrir d'insectes. Les canards se nourrissent de ses graines. Recherché par le castor, le rat musqué, le porc-épic et l'orignal.

E : L'échange gazeux qui se fait par ses jeunes et ses vieilles feuilles a pour effet d'oxygéner le substrat et ainsi accroître l'efficacité des bactéries hétérotrophes qui assimilent les matières organiques accumulées au fond.

R : Son rôle écologique le plus important est essentiellement d'empêcher le réchauffement de l'eau dans les hauts-fonds.

Nuphar variegatum

Feuilles flottantes (long. : 14-28 cm) oblongues, à sinus profond, étroit ou fermé ; feuilles submergées semblables mais minces et membraneuses. Fleurs (diam. : 45 mm). Floraison estivale. Son rhizome peut atteindre une longueur de trois mètres et une largeur de 15 cm.

C : On le retrouve en eaux tranquilles. Malgré sa grande rusticité, il est lent à s'implanter et à se reproduire.

F : Ses gros rhizomes constituent une des nourritures favorites des castors et des orignaux. Offre une bonne couverture aux poissons. Recherché aussi par la sauvagine, le héron et le porc-épic.

R : Ombrage les hauts-fonds et empêche le réchauffement de l'eau.

* *Artiste graphiste : Paule Pintal*

PLANTES À FEUILLES FLOTTANTES

Nymphoïdes peltata

Feuilles flottantes (diam. : 4-12 cm), rhizome grêle, fleur : 2-3 cm jaune pâle. Profondeur : 20 à 40 cm.

C : Se reproduit très rapidement et se limite par la profondeur.

F : Offre une excellente couverture aux poissons, rats musqués, canards et sauvagine.

E : Peut transporter de son feuillage à ses racines 112 mg/O_2/jour, très efficace pour oxygéner le substrat.

Nymphaea

Plusieurs variétés d'hybrides rustiques hibernent jusqu'en zone de rusticité 3 dans une profondeur de 60 à 90 cm. À cette profondeur, il est fréquent que la qualité du sol soit médiocre, il faudra donc planter dans des sacs de jute. Floraison constante de mai à octobre. Les fleurs (diam. : 8-15 cm) s'ouvrent le matin et se referment en fin de journée, pour une durée de cinq jours. Un plant peut contenir plusieurs fleurs à la fois. Plus de 40 hybrides sont disponibles dans les couleurs suivantes : blanc, rouge, jaune, rose et cuivré.

C : Se reproduisent par divisions et ne sont donc pas envahissants. Valeur ornementale de premier plan.

F : Se référer au *nymphaea tuberosa.*

E : Oxygène le substrat.

R : Empêche le réchauffement des eaux dans les hauts-fonds.

Variétés disponibles en grandes quantités

Blanc	Rose
N. «Gladstoneana»	*N. «Fire crest»*
N. «Alba»	*N. Marliacea «Carnea»*
N. Marliacea «Albida»	*N. «Mme W. Gonnere»*
N. «Queen of White»	*N. «Rose Arey»*
N. «Somptuosa»	

Rouge	Jaune
N. «Attraction»	*N. «Col A. J. Welch»*
N. «Conqueror»	*N. «Chromatella»*
N. «Ellisiana»	*N. «Sulphurea»*
N. «James Brydon»	*N. «Texas Dawn»*
N. «Red Wonder»	*N. «Aurora»*
N. «W. B. Falconer»	

PLANTES SUBMERGÉES

Ceratophyllum demersum L.

Tiges submergées (long. : 60-250 cm) ; feuilles divisées 2-3 fois à dernières ramifications (long. : 8-25 cm). Floraison estivale. Profondeur : 15 cm-8 m.

C : Elle flotte entre deux eaux.

F : Extrêmement importante comme source d'alimentation pour la sauvagine. Certaines espèces se nourrissent de ses graines, de toute la plante ou simplement des insectes ou des crustacés qui s'y logent. Représente aussi une bonne protection pour les jeunes poissons.

E : Favorise l'oxygénation des eaux stagnantes.

Chara vulgaris

Tiges de 30 cm de longueur, peut s'étendre sur une surface de 1 à 3 m^2. C'est une espèce ancienne et primitive qui vit bien en eau calcaire.

C : Croissance rapide, tiges rugueuses d'un vert grisâtre. Peut se planter par lestage.

F : Plante qui constitue un excellent refuge pour les invertébrés aquatiques[1]. Elle est également recherchée par le rat musqué.

E : Elle oxygène l'eau et la clarifie.

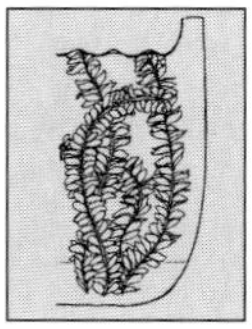

Elodea canadensis

Longueur des tiges : 15 à 50 cm. Se plante en eau peu profonde, par une bouture enfoncée dans le sol.

C : Tolère l'eau saumâtre. Sensible à toute limitation du passage de la lumière. Peut se planter par lestage.

F : Support et abri pour les invertébrés aquatiques qui servent de nourriture aux canards. Constitue un bon milieu de frayère et un refuge pour les jeunes poissons.

E : Bon purificateur d'eau pour l'assimilation des minéraux. Oxygène l'eau, pH neutre ou basique. Elle est, parmi les plantes submergées, celle qui tolère le mieux les eaux usées. Par l'action de la lumière sur la chlorophylle, elle transforme pour son propre usage le bioxyde de carbone de l'eau en hydrate de carbone.

Myriophyllum exalbescens

Ses feuilles (long. : 12-30 cm) sont généralement groupées par quatre paires de segments capillaires. Eaux tranquilles, douces ou saumâtres, calcaires ou non. Peut pousser en eau profonde. Peut se planter par lestage.

C : Sa tige s'allonge et flotte à la surface. Peut être envahissante. Se plante par bouture dans un substrat fin.

1. *Protozoaires, éponges, vers, sangsues, insectes, crustacés, arachnides, mollusques.*

PLANTES SUBMERGÉES

F : Constitue un très bon couvert pour les invertébrés aquatiques et pour les poissons.

E : Oxygène l'eau et la clarifie. Peut tolérer des eaux polluées.

R : Réagit bien à l'action mécanique des vagues.

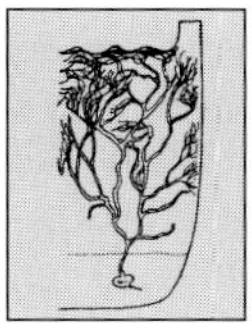

Potamogeton pectinatus

Rhizome (diam. : 1 mm) rampant, ramifié, muni de tubérisations terminales ; tige (diam. : 1 mm) filiforme, peu ramifiée à la base, mais beaucoup au sommet ; feuilles (2-15 cm x 0,25-1 mm). Floraison estivale. Profondeur : 45-90 cm.

C : Plante vivace à feuilles étroites et donc capable de s'adapter aux eaux rapides et froides. Se plante à partir du printemps jusqu'au 30 juillet. Peut se planter par lestage.

F : Constitue rapidement de grandes colonies. Recherchée par l'oie du Canada, le malard, le canard noir, la sauvagine, le rat musqué et l'orignal. Les larves d'insectes qui s'y logent représentent une bonne nourriture pour les jeunes poissons.

E : S'adapte très bien aux eaux polluées domestiques et aux eaux calcaires. Oxygène et purifie l'eau.

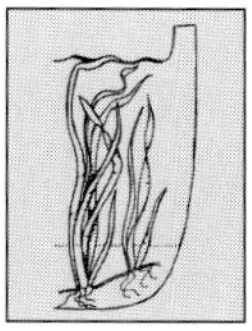

Valisneria americana

Rhizome stolonifère ; feuilles (long. 10-50 cm), (larg. 3-8 mm), minces et linéaires.

C : S'enracine bien dans le sable et vit tout autant en eau douce, morte ou courante. Les feuilles s'allongent selon la profondeur. Sa souplesse écologique lui permet de prospérer aussi bien sur les hauts-fonds à peine submergés qu'en eau profonde. Peut se planter du printemps à l'automne. Peut être plantée par lestage.

F : Les canards et les oies sauvage s'en nourrissent ; cette plante est reconnue comme étant une de leurs nourritures favorites. Elle sert d'abri aux invertébrés aquatiques qui nourrissent les poissons.

E : Elle oxygène l'eau.

R : Réagit bien à l'action mécanique des vagues.

PLANTES FLOTTANTES

Algues filamenteuses

(spirogyra, cladophora, draparnaldia, mougeotia, zygnema, etc.)

Végétal chlorophyllien sans racine ni vaisseau, se regroupe en colonies pour former des masses flottantes, ou s'agrippe aux roches, aux branches ou aux tiges des feuilles des plantes aquatiques.

C : Se vend à la livre. En grande quantité, peut nuire aux plantes submergées. Très efficace pour accélérer le compostage.

F : Les algues filamenteuses alimentent les canards ; probablement plus nourrissantes à cause des insectes et les micro-organismes qui les habitent que pour la plante elle-même.

E : Oxygène l'eau et la clarifie.

Eichhornia crassipes

Feuilles bulbeuses et charnues qui peuvent atteindre plus de 90 cm de long. Toute la plante (feuilles et racines) flotte à la surface de l'eau. C'est une plante tropicale qui est utilisée pour les plans d'eau décoratifs et pour l'épuration des eaux usées. Sa floraison est estivale, et sa fleur bleue ressemble à la jacinthe. Ses racines qui flottent peuvent s'allonger jusqu'à quatre mètres.

C : Très difficile à conserver à l'intérieur l'hiver. Doit plutôt être considérée comme une annuelle. Se reproduit rapidement durant l'été.

F : Son système de racines dense et flottant entre deux eaux constitue un abri de choix pour le frai.

E : Très intéressante à utiliser pour l'épuration des eaux domestiques dans les bassins profonds. Elle peut diminuer la BOD_5 de 100 à 200 kg/hectare /jour. Assure l'absorption des solides en suspension et favorise la croissance des communautés microbiennes qui se nourrissent dans la colonne d'eau.

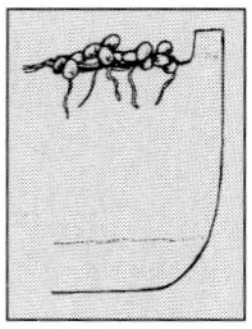

Lemna minor

Thalles (2-4 mm x 1,5-3 mm) solitaires ou groupées en petites colonies. La multiplication est presque exclusivement végétative. Au froid, les lacunes se contractent, coulent et vont se déposer sur le substrat durant l'hiver.

C : Vie en eaux stagnantes et se multiplie rapidement. Se vend à la livre.

F : Nourriture favorite des poissons herbivores, des canards et des grenouilles.

E : Très efficace pour absorber les éléments azotés et phosphorés.

Pistia stratiotes

Feuilles charnues et duveteuses ressemblant aux feuilles de salade, d'où son nom de laitue d'eau. Plante tropicale qui recherche les eaux peu profondes, ses racines peuvent ainsi toucher le sol. La plante peut atteindre un diamètre de 30 cm.

C : Se reproduit rapidement. Ombrage les hauts-fonds et prévient le réchauffement excessif de l'eau.

E : Se nourrit de matières en suspension dans l'eau, clarifie l'eau.

PLANTES DES LIEUX HUMIDES

Acorus calamus

Feuilles (50-200 cm x 1-2 cm) linéaires, dressées. Spadices (long. : 5-7 cm), floraison estivale.
Profondeur : 0-30 cm.

C : Ses racines séchées et pétrifiées constituent un bon insecticide naturel.

F : À l'état végétatif, elle attire les pucerons, source de nourriture pour les poissons. Son feuillage crée un bon couvert pour la nidification de la sauvagine.

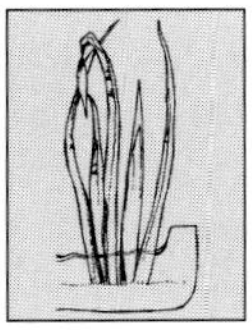

Acorus calamus var.

Feuilles (long. : 90-120 cm) panachées de blanc jaunâtre. Très bien adaptée à notre climat.
Profondeur : 0-10 cm.

C : Plante de premier choix pour sa valeur ornementale.

F : Bon couvert pour la nidification de la sauvagine.

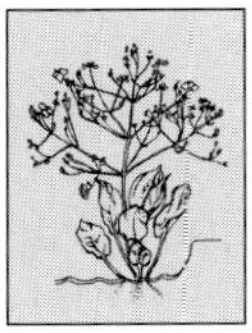

Alisma plantago

Feuilles dressées ou flottantes, sans lobe aigu. Fleur blanche.

C : Indésirable dans certains plans d'eau parce qu'elle se ressème rapidement et envahit toutes les autres colonies même très éloignées du plant mère. Ses fleurs très petites et dispersées ont peu d'impact visuel.

Butomus umbellatus

Feuilles (larg. : 2-10 mm, long. : 30-100 cm) dressées, cylindriques. Fleurs roses, sépales et pétales (long. : 10-15 mm). Floraison tout l'été.
Profondeur : 0-30 cm.

C : Sa floraison continue en fait une plante de premier choix pour embellir les bordures du plan d'eau.

R : Reproduction rapide même en sol pauvre ; efficace contre l'érosion.

Calla palustris L.

Les feuilles ont une longueur de 3-10 cm, et le spadice de 20-25 mm. Floraison printanière. Rhizome rampant garni de grandes feuilles en forme de cœur et portant pendant tout l'été des spathes d'un blanc légèrement verdâtre en forme de cornet. Profondeur : 0 à 10 cm.

C : Ne pas laisser cette plante à la portée des enfants, car son fruit est mortel. Implantation difficile.

Caltha palustris L.

Tige creuse (long. 30-60 cm), ramifiée ; feuilles (long. 5-17 cm) ; fleurs (diam. 25-40 mm) d'un jaune brillant. Floraison printanière. Profondeur : 0 à 35 cm.

C : Sa floraison hâtive et la beauté de son feuillage en font une plante de premier choix dans l'aménagement des plans d'eau.

PLANTES DES LIEUX HUMIDES

Carex

Plus de 2 000 espèces au Québec. Plantes herbacées à l'apparence de graminées dans leurs parties végétatives. Tige habituellement triangulaire, fleurs généralement monoïques ou dioïques, solitaires à l'aisselle de petites bractées (écailles).
Profondeur : 15 cm en milieu humide.

F : Hérons.

E : Se reproduit très rapidement, peut tolérer des conditions très variables de l'environnement.

R : Fixe le sable de la rive et empêche l'érosion.

Eleocharis acicularis

Petite plante à rhizome capillaire, à stolons abondants formant du gazon serré ; tige d'une longueur de 2-20 cm, épillet : 2-7 mm de long. Profondeur : 5 cm et milieu humide, peut vivre à une plus grande profondeur, mais elle devient alors stérile.

C : Produit un effet visuel de mousse en bordure du plan d'eau ; très recherchée pour ses qualités esthétiques.

F : Offre un bon couvert aux insectes dont les poissons se nourrissent.

E : Se répand rapidement. À la manière d'un filtre, la densité de ses tiges offre une grande surface d'adhésion aux bactéries.

R : Idéale pour stabiliser la rive et la zone de roseaux.

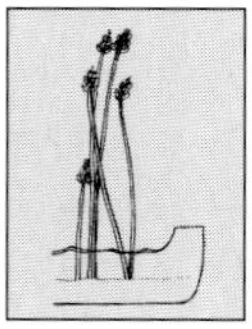

Eleocharis palustris

(*Obtusa, smallii*), environ 150 espèces. Tiges simples, en touffes, engainées à la base.
Profondeur : 15 cm en milieu humide.

C : Par ses tiges fines, forme un massif très esthétique en zone de roseaux, donne l'allure d'un milieu sauvage.

F : Offre un bon abri pour la nidification de la sauvagine et pour les insectes et petits crustacés qui nourrissent poissons et canards sauvages. Bonne nourriture également pour les oies sauvages, les oiseaux de marais, le rat musqué et le lièvre.

E : Se propage rapidement : ses tiges nombreuses offrent un bon support aux insectes et aux bactéries.

R : Fixe les boues et les sables. Réagit bien à l'action mécanique des vagues.

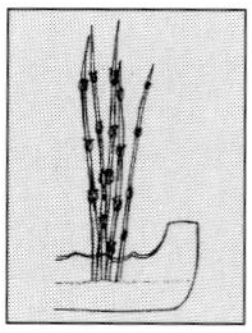

Equisitum

Tiges isolées (long. : 30-100 cm ; diam. : 5-15 mm) très fortement silicifiées et très rudes, épi évoïde. Vit bien en milieu sablonneux. Profondeur : 5-30 cm.

C : Appréciée sur le plan esthétique pour son aspect ressemblant à celui du bambou.

F : Oie sauvage, cygne, ours, rat musqué, orignal.

R : Tolère les eaux polluées et réagit bien à l'action mécanique des vagues.

PLANTES DES LIEUX HUMIDES

Eriophorum angustifolium

Tiges (long. : 20-60 cm) grêles mais raides ; gaines supérieures marquées de noir ; feuilles basilaires larges (larg. : 1,5-4 mm) ; fleurs blanches ressemblant à du coton, floraison estivale. C'est une plante de tourbières et de lieux humides. Profondeur : 5 à 10 cm.

C : Recherchée pour son aspect esthétique, elle est aussi utilisée comme fleur séchée.

F : Excellent couvert pour les canards sauvages et pour la nidification des canardeaux.

R : Son système de racines très compact fixe très bien les sols de la zone des roseaux.

Glyceria aquatica

Graminées, floraison en panicules jaune verdâtre. Feuilles d'une largeur de 10-20 mm et une longueur de 20-45 cm.
Profondeur : 10 cm.

C : Très recherchée pour sa valeur décorative.

F : Ses feuilles souples et solides en font une excellente plante pour la nidification.

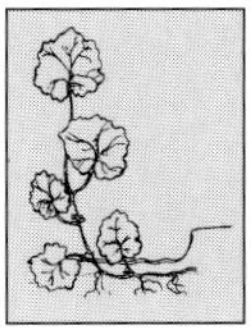

Hydrocotyle americana

Tiges rampantes, souvent tubérifères ; feuilles (larg. : 3-5 cm) réniformes, membraneuses, profondément cordées (hauteur : 10-20 cm), ombelles : 1-5 flores, sessiles aux nœuds. Floraison estivale. Profondeur : 5 à 30 cm.

C : Son feuillage dense et bas est très utile pour camoufler les bordures.

R : Prévient le réchauffement de l'eau en bordure.

Iris pseudacorus

Ses feuilles ont une largeur de 5-25 mm et une longueur de 60-90 cm. Fleurs jaunes. L'*iris pseudacorus* a d'abord été introduit en Europe ; il s'est très bien adapté au Québec.
Profondeur : 20 cm en milieu humide.

C : La beauté de sa fleur et de son feuillage en fait un élément esthétique de premier choix.

F : Son feuilllage large constitue un bon couvert pour la nidification de la sauvagine.

Iris versicolore

Feuilles ayant une largeur de 5-25 mm et d'une longueur de 15-90 cm). Fleurs d'un bleu violet, panachées de jaune, de vert et de blanc. Profondeur : 15 cm en lieu humide.

C : La beauté de sa fleur et de son feuillage en fait un élément esthétique de premier choix. Emblème du Québec.

F : Offre un bon couvert pour la nidification de la sauvagine.

E : Les rhizomes de l'iris versicolore exercent une action dépolluante en accumulant dans leurs tissus les métaux lourds tels que le mercure et le plomb.

PLANTES DES LIEUX HUMIDES

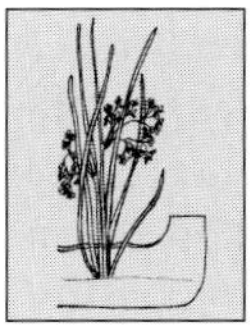

Juncus effusus

Tiges (long. : 30-120 cm) molles et flexibles, en touffes denses ; inflorescence (long. : 2,5-10 cm) ; fleurs petites (long. : 2-2,5 mm) verdâtres. Profondeur : 15 cm et milieux humides.

C : La plantation par graines n'est pas recommandée à cause de la stratification requise.

F : Hérons et sauvagine.

E : Se reproduit rapidement et tolère des conditions très variables d'environnement.

R : Réagit bien à l'action mécanique des vagues.

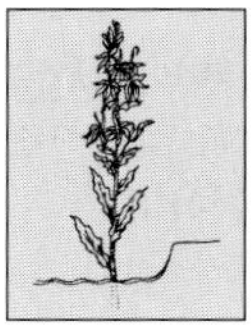

Lobelia cardinalis

Plante vivace stolonifère ; tige d'une longueur de 50-120 cm ; feuilles minces, glabres ou pubescentes ovales-oblongues, denti culées ; fleurs grandes (long. 3-4 cm), écarlates. Floraison estivale. Plante de lieux humides de la zone riveraine (s'adapte dans l'eau peu profonde, même en permanence).

C : Recherchée pour sa valeur décorative. Rustique en zone 5.

F : Oiseaux-mouches.

Myosotis palustris

Hauteur : 10-30 cm. Floraison continue de mai à octobre. Profondeur : 10-30 cm.

C : Prolifique, valeur décorative.

Lysimachia punctata

Plante pubescente ; longueur de la tige 60-100 cm ; feuilles verticellées par 3-4 ovales. Fleurs jaunes, floraison estivale. Plantation en milieu humide, zone littorale, tolère l'inondation.

C : Valeur décorative.

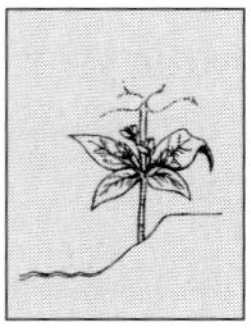

Mentha aquatica

Hauteur : 30-80 cm. Tiges quadrangulaires rougeâtres, feuilles lancéolées dentées. Fleur violacée. Profondeur : 5 cm.

C : Un coulis préparé avec 1 c. à table d'eau, le jus de 40 feuilles broyées, du sucre et du jus de citron vous donne une sauce succulente pour accompagner un gigot d'agneau. C'est une plante excellente pour être plantée dans un ruisseau, elle se fixe dans le galet et vit très bien en eau vive.

R : Tolère diverses conditions d'environnement, se propage très rapidement.

Nasturtium aquaticum (officinale)

Feuilles composées-pennées, à 3-9 segments ; fleurs (diam. : 4-5 mm) à pétales deux fois plus longs que le calice. Floraison estivale. Profondeur : 25 cm en milieu humide.

C : Feuillage flottant sur les eaux des ruisseaux et de cascades. Elle est aussi utilisée en bordure des jardins d'eau pour camoufler certains accessoires tels que soupape de remplissage.

PLANTES DES LIEUX HUMIDES

Phalaris arundicana

Feuilles d'une largeur de 1-2 cm, panicule d'une longueur de 8-20 cm. Plante à souche rampante ; chaumes (long. : 80-150 cm) raides. Feuilles vertes plus souvent panachées de violet. Profondeur : 20 cm, milieu humide et sec.

C : Feuilles utilisées dans les arrangements de fleurs séchées. Son feuillage abondant et panaché est recherché pour sa valeur décorative et pour camoufler les accessoires en bordure des jardins d'eau.

F : Offre un très bon couvert à la sauvagine et aux hérons. Excellent pour la nidification. Ses graines sont très recherchées par les oiseaux.

E : Se reproduit très rapidement, tolère des conditions très variables d'environnement. Efficace comme barrière filtrante contre le lessivage des pentes, notamment pour empêcher la surminéralisation des étangs de golf et de parc.

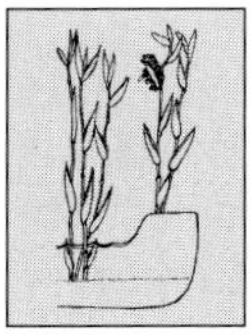

Phragmites australis

Chaume (long. : 1-5 m) issu d'un long rhizome horizontal d'un blanc d'ivoire ; feuilles d'une largeur de 1-5 cm, panicule d'une longueur de 15-30 cm. Profondeur : 1 m, milieu humide et sec.

E : Plante à toute épreuve. Elle s'adapte à diverses conditions d'environnement, elle résiste au sel et à la sécheresse. Ses tiges creuses qui dépassent le niveau de la neige assurent une oxygénation constante du substrat (en moyenne 2g O_2 /m^2 /jour), de telle sorte que le travail d'épuration se poursuit toute l'année, même sous la neige. Elle oxyde les sédiments et produit une grande quantité de biomasse. Elle se propage rapidement et développe de très profonds rhizomes. Le coefficient de transpiration de juillet à septembre se situe à environ 10 mg /dm^2/min., ce qui représente une perte d'eau de 1l/m^2/jour, à pleine densité. La densité maximum de plantation est de 350 tiges/m^2.

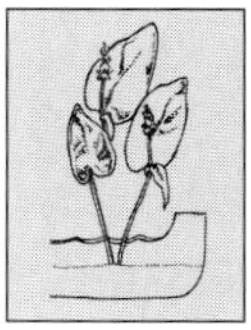

Pontederia cordata

Rhizome robuste, produisant une tige aérienne (long. : 30-130 cm). Feuilles (5-25 cm x 4-15 cm) dressées. Inflorescence dense, granuleuse, pubescente, périanthe (long. : 8 mm) bleu. Profondeur : 20 cm en milieu humide.

C : Son feuillage et sa fleur en font une plante de premier choix pour embellir les rives des plans d'eau.

F : Nourriture pour canard sauvage.

E : Tolère un haut niveau d'alcalinité.

PLANTES DES LIEUX HUMIDES

Ranunculus lingua

Feuilles aériennes en forme de langue (d'où son nom). Fleurs jaunes (diam. : 4-5 cm), floraison estivale de mai à octobre. Profondeur : 30-100 cm.

C : Valeur ornementale pour les grands étangs.

F : Bon couvert pour la nidification, bon milieu de frayère.

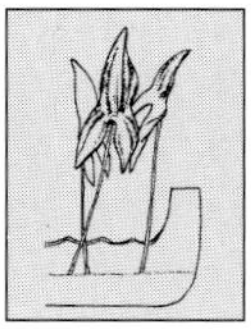

Sagittaria japonica

Plantes à rhizome tubérifère. Feuilles sagittées. Floraison estivale. Profondeur : 20 cm en milieu humide.

C : Valeur décorative.

E : Supporte la salinité et les eaux usées, s'adapte à divers types de sol.

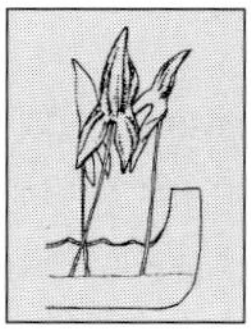

Sagittaria latifolia

Plante (long. : 10-140 cm) totalement ou partiellement immergée ; feuilles de taille extrêmement variable mais toujours sagittées ; fleurs grandes (larg. : 2-4 cm), blanches. Profondeur : 30 cm en milieu humide.

C : La plantation par semence n'est pas recommandée à cause de la stratification requise.

F : Canard, oie sauvage, cygne, rat musqué et porc-épic.

E : Peut extraire plus de 100 kg/hec/ jour de BOD_5. Efficace pour absorber le phosphore.

Saururus cernuus

Plante herbacée à feuilles simples, alternes ou opposées, et généralement stipulées. Fleurs monoïques ou dioïques, petites et verdâtres. Hauteur : 40-100 cm, profondeur : 10-50 cm.

C : Valeur décorative, odorante, aime l'ombre. Utilisée pour le camouflage des bordures.

Scirpus fluviatilis

Plante à rhizome volumineux ; tiges (long. : 1-2 m, diam. : 1 cm) triangulaires, à faces planes. Feuilles (larg. : 7-20 cm), épillets gros (long. : 15-40 mm). Profondeur : 30 cm, milieu humide.

C : Utilisée comme écran physique dans les parcs et les étangs en bordure des forêts pour contrôler l'accumulation des feuilles mortes source de sédimentation.

F : Protège les canardeaux par gros temps, réagit bien à l'action mécanique des vagues. Considérée comme l'une des nourritures favorites des canards et des oiseaux de marais ; les tiges et les racines sont mangées par les oies et les rats musqués. Ses graines sont aussi recherchées par l'orignal.

E : S'accommode de divers types de substrat et de conditions variables d'environnement. Ses tiges longues et creuses permettent l'oxygénation constante du substat même sous la neige.

PLANTES DES LIEUX HUMIDES

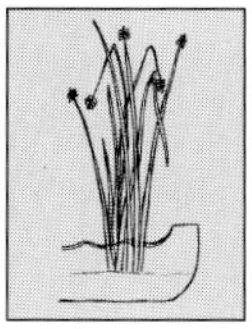

Scirpus lacustris alba

Plante à rhizome robuste ; tige d'une longueur de 30-150 cm et d'un diamètre à la base de 15-20 mm, épillets ovoïdes-cylindriques. Tige vert jaunâtre lignée verticalement en vert. Profondeur : 30 cm et milieux humides.

C : Valeur décorative.

 **F** : Plante idéale pour nourrir la sauvagine, plusieurs espèces de canards, les oiseaux de marais, l'orignal et le rat musqué.

 **R** : Prévient l'érosion de la rive, s'enracine bien dans des substrats variables, réagit bien à l'action mécanique des vagues.

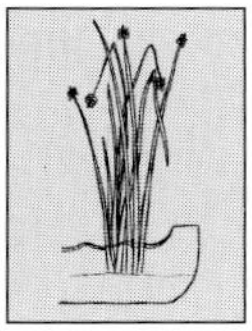

Scirpus validus

Plante à rhizome robuste ; tiges ayant une longueur de 50-250 cm et un diamètre à la base de 20-25 mm), épillets ovoïdes-cylindriques ; écailles (long. : 2-2,5 mm).

C : Utilisée pour la création d'écrans visuels ou physiques (pour empêcher les feuilles mortes d'envahir la roselière).

 **F** : Essentielle pour garantir un milieu sain au rat musqué. La densité de son feuillage constitue un excellent abri et une source de nourriture pour les canards et les poissons. Recherchée aussi par l'orignal.

 **E** : Peut réduire les bactéries coliformes de 90 à 99 % et la salmonelle de 94 à 96 %. Produit une grande quantité de biomasse. Ses tiges permettent l'oxygénation du substrat, même sous la glace.

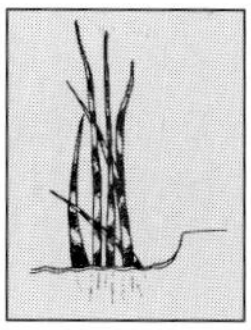

Scirpus zebrinus

(voir *scirpus alba*). Au lieu d'être rayée verticalement, comme le *scirpus alba*, elle est zébrée horizontalement.

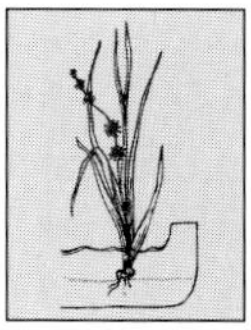

Sparganium

Rhizome horizontal à racines fibreuses. Tiges dressées, feuilles alternes, linéaires, engainantes à la base. Fleurs monoïques, disposées en capitules globuleux à la partie supérieure de la tige et des branches. Profondeur : 5-30 cm.

 **F** : Plante de premier choix pour la nourriture qu'elle procure aux canards et aux faisans. Son feuillage dense est aussi un abri de choix pour les canardeaux. C'est une bonne nourriture pour les rats musqués, et son feuillage leur sert de matériau de construction pour leur habitat. Les oies et les hérons l'utilisent aussi.

 **E** : S'adapte à diverses conditions d'environnement et se propage rapidement.

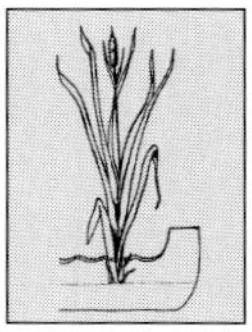

Typha angustifolia

Feuilles étroites, par opposition à la *typha latifolia*. Tige (long. : 1-3 m), feuilles (larg. : 3-20 mm) étroitement linéaires ; épis d'une longueur de 10-40 cm) ; staminés et pistillés généralement séparés. Profondeur : 30 cm, milieu humide.

C : Valeur décorative, utilisée dans les arrangements de fleurs séchées.

PLANTES DES LIEUX HUMIDES

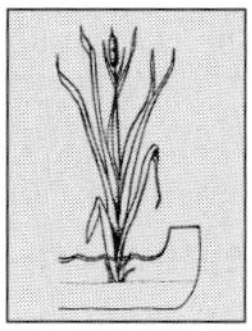

Typha latifolia

Tige (long. : 100-270 cm), feuilles (larg. : 6-25 mm), épis (long. : 8-20 cm, larg. : 20-35 mm). Profondeur : 30 cm, milieu humide.

C : Très envahissante. On peut réduire son expansion soit par la profondeur, soit en coupant les têtes lorsqu'elles sont bien formées mais pas encore matures. Un mois plus tard, on effectue une coupe des nouvelles tiges, qui atteignent de 60 à 90 cm. Cette méthode permettra d'exterminer au moins 75 % des plants.

 **F** : Sert d'abri aux canardeaux contre le vent. Nourriture et matériau de construction pour le rat musqué. Les oies sauvages et les rats musqués se nourrissent de ses racines.

 **E** : Les tiges longues et creuses assurent l'oxygénation du substrat, même sous la neige. Produit beaucoup de biomasse. Peut réduire les coliformes fécaux jusqu'à 86 % et la salmonelle jusqu'à 96 %.

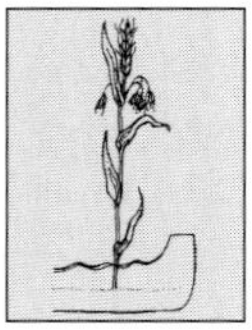

Zizania aquatica

Plante annuelle; chaume (long. : 2-3 m) dressé, lisse et glabre ; feuilles larges de 10-50 mm ; branches longues de 6-15 cm. Floraison estivale. Profondeur : 15-45 cm.

C : Abonde dans les eaux peu profondes et juste assez vives pour empêcher la stagnation. Se plante à l'automne avant les gels, ou au printemps, simplement en répandant les semences au-dessus de l'eau (une poignée par 2 m^2 ou 25 kl à l'acre).

 **F** : Une des nourritures favorites des canards et de la sauvagine. Convient aussi aux oies et à plusieurs espèces d'oiseaux vivant près des plans d'eau.

PLANTES ET ARBUSTES UTILISÉS POUR LA RÉGÉNÉRATION DES RIVES

Alnus crispa

Hauteur : 3 m. Son système de racines est très développé. Les branches basses forment de nouvelles racines, ce qui en fait une des espèces les plus précieuses pour stabiliser les berges. Doit être planté au-dessus de la ligne naturelle des eaux en période d'eau haute (cf. schéma).

C : Admirablement bien adapté aux sols pauvres et dépourvus d'azote, qu'il enrichit en fixant l'azote de l'atmosphère. S'adapte aux sols graveleux.

R : Ses tiges flexibles lui permettent de bien réagir à l'action des glaces.

Cornus stolonifera

Hauteur : 1,5 m. Pousse en buisson touffu ou en arbuste rampant, selon les conditions. Fleurs blanches au printemps et fruits blancs ou bleuâtres durant l'été.

R : S'adapte très bien à différents milieux : sols argileux, calcaires, humides, terrains accidentés et mal drainés, endroits secs. Peut supporter l'inondation jusqu'à un mois. Ses branches basses forment de nouvelles racines. Efficace pour retenir le sol et stopper l'érosion.

Myrica gale

Hauteur : 1 m. Arbuste buissonnant. Son feuillage est dense et aromatique. Doit être planté à la ligne d'eau durant la période des eaux hautes. Plantation jusqu'à la fin de juin afin que le système de racines puisse supporter les glaces du printemps suivant.

F : Ses feuilles tolèrent le contact de l'eau et permettent aux invertébrés aquatiques de s'y loger et de nourrir ainsi les poissons. Bon couvert pour la sauvagine.

R : Supporte les inondations prolongées et fixe l'azote de l'air, ce qui lui permet de vivre dans des sols pauvres et graveleux ou sablonneux. Ombrage la berge et aide à réduire le réchauffement de l'eau.

Parthenocissus quinquefolia

Plante rampante ou grimpante (long. 15 m). S'adapte à divers types de sol, elle pousse aussi bien en milieu ombragé qu'au soleil. Ses branches fines forment habituellement de nouvelles racines.

R : Grâce à ses vrilles en forme de griffes, elle adhère facilement aux murs. On s'en sert comme plante tapissante pour le recouvrement des talus, des perrés et des murs. Très utile pour ombrager les empierrements qui causent le réchauffement des eaux en hauts-fonds.

PLANTES ET ARBUSTES UTILISÉS POUR LA RÉGÉNÉRATION DES RIVES

Salix interior

Hauteur : 1 à 2 m. Se plante à la ligne d'eau en période d'eaux hautes. Supporte de longs épisodes d'inondation. S'adapte à divers types de sol, même pauvre. Plantation jusqu'à la fin de juin, afin que la plante développe suffisamment de racines pour supporter les glaces du printemps suivant.

F : Son feuillage tolère le contact de l'eau, et permet aux invertébrés aquatiques de s'y loger et ainsi de nourrir les poissons. Bon couvert pour la sauvagine.

R : Ses tiges flexibles lui permettent de résister à l'action des glaces. Ses branches forment de nouvelles racines. Très bon stabilisateur de sol. Ombrage la berge et aide à réduire le réchauffement de l'eau.

Spirea latifolia

Hauteur : 1 m. Arbuste buissonnant. Plantation plein soleil. Fleurs blanches ou rosées, floraison printanière. Arbuste de lieux humides.

F : Bon couvert pour la sauvagine.

R : Bon stabilisateur de sol, idéal pour les rives très exposées au soleil.

SOURCES BIBLIOGRAPHIQUES

- BROOKS, Alan. *Waterways and wetlands, A practical handbook,* British Trust for Conservation Volunteers, Eastern Press ltd, BTCV, 1976, 186 p.

- Direction de l'aménagement des lacs et cours d'eau. *Techniques de régénération des rives,* Gouvernement du Québec, ministère de l'Environnement, Québec, 1986, 13 p.

- Fédération des associations pour la protection de l'environnement des lacs. *La vie d'un lac,* Gouvernement du Québec, ministère de l'Environnement, 3 p.

- Fleurbec. *Plantes sauvages des lacs, rivières et tourbières, Guide d'identification Fleurbec,* Groupe Fleurbec, Saint-Augustin, Québec, 1987, 400 p.

- GILBERT, Louis, VALLIÈRES, Louise et POIRIER, Pierre. *Habitat du poisson,* Gouvernement du Québec, ministère de l'Environement et de la Faune, 1995, 102 p.

- HAMMER, Donald A. *Constructed Wetlands for Wastewater Treatment Municipal, Industrial and Agricultural,* Lewis Publishers, Michigan, 1989, 830 p.

- JURDANT, Jean-Marie. *Les jardins aquatiques, un rêve, un défi, une découverte!* Vander Belgique, 1987, 320 p.

- LACHAT, Bernard. *Le cours d'eau, conservation, entretien et aménagement,* Comité directeur pour la protection et la gestion de l'environnement et du milieu naturel, Conseil de l'Europe, Strasbourg, 1991, 85 p.

- MAGEE W., Dennis. *Freshwater Wetlands. A guide to Common Indicator Plants of the Northeast,* The University of Massachusetts Press, Amherst, 1981, 246 p.

- MARIE-VICTORIN. *Flore laurentienne,* Les Presses de l'Université de Montréal, Montréal, 1964, 925 p.

- MARTIN, A.C., ZIM, H. S. et NELSON, A.L. *American Wildlife and Plants,* Dover Public, 1951.

- MEUNIER, Paul et LEFEBVRE, Gilles. *Méthodologie d'évaluation des potentiels écologiques,* ministère des Richesses naturelles, Québec, 1979, 67 p.

- NIERING, William A. *Audubon Society Nature Guides, Wetlands,* Chanticleer Press Edition, New York, 1988, 637 p.

- REID, George K. et FITCHER, George S. *Pond Life,* Golden Press, New York, 1987, 160 p.

INDEX DES ILLUSTRATIONS

INDEX DES PHOTOS

GLOSSAIRE

Aérenchyme	Conduites d'air à l'intérieur de la tige des plantes
Affluent	Cours d'eau qui se jette dans un autre
Alevin	Poisson nouvellement sorti de l'œuf
Algue	Végétal chlorophyllien sans racines ni vaisseaux, qui vit dans l'eau et dans l'air
Amont	Le courant qui vient de la montagne
Argile	Particules de sol plus petites que 0,002 mm
Aval	Le courant qui va vers la vallée
Benthos	Animaux minuscules qui vivent sur le fond des plans d'eau et dans le substrat aquatique
Bentonite	Argile en poudre (produit industriel)
Berge	Bande de terre qui borde le plan d'eau (rive)
Bio-augmentation	Technique d'intervention qui implique une augmentation des organismes vivants
Biomasse	Matière vivante végétale et animale
Blocaille	Pierre de 250 à 500 mm de diamètre
Débit	Volume d'eau qui s'écoule (s'exprime en m3/sec.)
Décharge	Lieu où s'écoule l'eau accumulée
Digue	Ouvrage qui sert à retenir les eaux d'un réservoir

Écosystème	Ensemble des êtres vivant dans un même milieu et des éléments non vivants qui leur sont liés vitalement
Effluent	Eau de ruissellement
Embouchure	Lieu où le cours d'eau se jette dans un plan d'eau plus grand
Érosion	Entraînement par l'eau ou le vent des particules de sol
Eutrophisation	Évolution biochimique des eaux par l'apport en éléments nutritifs et diminution de l'oxygène dissous
Évapotranspiration	Perte d'eau d'une plante par ses tissus
Exsudat	Liquide sécrété par la plante
Frai	Acte de reproduction des poissons
Frayère	Lieu de reproduction des poissons
Fretin	Jeune poisson de moins d'un an
Galet	Pierre de 75 à 200 mm
Géomembrane	Toile imperméable servant à retenir l'eau (membrane)
Géosynthétique	Tissu fabriqué de fibre synthétique et servant dans les ouvrages de rétention de l'eau ou du sol
Géotextile	Tissu perméable fabriqué de fibre synthétique et servant à retenir le sol
Gravier	Pierre de 2 à 75 mm
Habitat	Milieu de vie et de reproduction d'un organisme vivant

Littoral	La partie immergée qui succède immédiatement à la berge (beine)
Nappe phréatique	Nappe d'eau souterraine, formée par l'infiltration des eaux de pluie et alimentant des sources
Neuston	Animaux minuscules qui vivent sur et juste sous la surface de l'eau
Peltonite	Argile moulée en forme de petites billes (produit industriel)
Périphyton	Animaux minuscules qui s'accrochent aux plantes aquatiques
Phytoplancton	Algues
Sable	Sédiment meuble (grains de 0,075 à 2 mm de diamètre)
Substrat	Matériaux servant de support physique à des organismes
Terre arable	Partie du sol qui peut être labourée
Trop-plein	Système de déversement d'un réservoir
Turbidité	Présence de particules fines en suspension qui rendent l'eau plus ou moins trouble
Zooplancton	Micro-organisme vivant en milieu aquatique

NOTES

NOTES

NOTES

NOTES

NOTES

NOTES

NOTES

NOTES

NOTES

«Nous reconnaissons l'aide financière du gouvernement du Canada par l'entremise du Programme au Développement de l'Industrie de l'Édition (PADIÉ) pour nos activités d'édition».

Transcontinental
IMPRESSION
IMPRIMERIE GAGNÉ

IMPRIMÉ AU CANADA